主　编　林仁华　张辉灿

分册编著　李　戈

战略决战立头功
辽沈战役纪实

广西科学技术出版社

图书在版编目（CIP）数据

战略决战立头功：辽沈战役纪实 / 林仁华，张辉灿主编. —南宁：广西科学技术出版社，2012.8（2020.6 重印）
（中外战争传奇丛书）
ISBN 978-7-80666-536-7

Ⅰ．①战… Ⅱ．①林… ②张… Ⅲ．①辽沈战役（1948）—青年读物②辽沈战役（1948）—少年读物 Ⅳ．① E297.4-49

中国版本图书馆 CIP 数据核字（2012）第 203280 号

中外战争传奇丛书
战略决战立头功
　　——辽沈战役纪实
林仁华　张辉灿　主编

责任编辑　赖铭洪　　　　　　　封面设计　叁壹明道
责任校对　梁丽丽　　　　　　　责任印制　韦文印

出 版 人　卢培钊
出版发行　广西科学技术出版社
　　　　　（南宁市东葛路 66 号　邮政编码 530023）
印　　刷　永清县晔盛亚胶印有限公司
　　　　　（永清县工业区大良村西部　邮政编码 065600）
开　　本　700mm×950mm　1/16
印　　张　12
字　　数　155千字
版　　次　2012 年 8 月第 1 版
印　　次　2020 年 6 月第 5 次印刷
书　　号　ISBN 978-7-80666-536-7
定　　价　23.80 元

主 编 的 话

　　国防教育是建设和巩固国防的基础，是增强民族凝聚力、提高全民素质的重要途径，是直接关系到国家安危和民族兴亡的大问题。我们国家对国防教育都很重视。早在抗日战争时期，毛泽东就把"国防教育"列为"实现坚决抗战的办法"之一。新中国成立后，又提出要在全国人民中间深入进行爱国主义教育和国防教育，号召大家"提高警惕，保卫祖国"。改革开放以来，邓小平同志多次强调要加强对公民特别是青少年进行国防教育，发扬爱国主义精神和革命英雄主义精神。江泽民同志对新形势下的国防教育有过一系列精辟的论述。他深刻指出："只要国家存在，就有国防，国防教育就要长期进行下去，作为公民的终身教育来抓。"他还强调"越是在和平建设时期，越要宣传国防建设的意义，克服和平麻痹思想，增强人民的国防观念"。

　　为加强和普及国防教育，提高全民的国防观念和军事科技素质，2001年4月28日以《中华人民共和国主席令》（第52号）颁布了《中华人民共和国国防教育法》。《中华人民共和国国防教育法》明确规定："学校的国防教育是全民国防教育的基

础，是实施素质教育的重要内容"，"小学和初级中学应当将国防教育的内容纳入有关课程，将课堂教学与课外活动相结合，对学生进行国防教育"。"高等学校应当设置适当的国防教育课程，高级中学和相当于高级中学的学校，应当在有关课程中安排专门的国防教育内容，并可以在学生中开展形式多样的国防教育活动"。

为了贯彻执行《中华人民共和国国防教育法》的规定，配合学校开展国防教育，提高学生的国防观念和素质，我们与广西科学技术出版社合作，特约中国军事科学院的十几位专家，编写了这套《中外战争传奇》丛书，陆续向全国发行。

这套丛书，是根据目前我国初中、高中历史课本和语文课本中提到的若干战争、战役，从中选择了一些对历史进程有重大影响的内容编写而成的。

这套丛书，在编写上有它自己的特色，即立意新颖，构思巧妙，选材精当，内容真实，主题明确，条理清晰，语言通俗，形式独特。每本书都以故事命题，由三四十个故事构成，人物和事件结合在一起，图文并茂，约 13 万字。每本书在前面都有一个内容提要，使读者一目了然地了解一场战争或一个战役的全貌。

在这套丛书的传奇故事中，主要是记述广大军民为谋求人民解放、民族独立、反抗侵略、保家卫国的光辉事迹。既有统帅、名将的高超谋略、英明决策和指挥艺术，又有广大官兵的英勇善战、不怕流血牺牲和积极的献计献策；既有用兵如神、出奇制胜的成功经验，又有一着不慎、满盘皆输的失败教训；既有集中兵力、以众击寡的常规韬略，又有以弱制强、以少胜多的制胜方略；既有屡战屡败、关键一仗取胜而决定战争命运

的经验，又有连打胜仗、关键一仗败北而导致全军覆没的教训；既有居安思危、有备无患的经验，又有忘战必危、亡国亡军的教训，等等。这些内容丰富、情节生动、事迹感人、引人入胜的传奇故事，作者以生动、形象的描述，通俗的语言，流畅的文笔整理成书，奉献给读者。这对加强全民国防教育，使读者特别是青少年，增长军事知识，启迪谋略能力，发扬爱国主义精神，增强国防意识和爱军尚武思想，都会有极大的促进作用。

由于我们水平有限，对国防教育的需求了解不足，不当之处，在所难免。敬请读者和专家、学者及时提出批评、指正，以利我们在后续工作中改进。

林仁华　张辉灿

前　言

　　1948 年 9 月至 1949 年 1 月，我军同国民党军进行了中国战争史上空前的、世界战争史上也是罕见的大规模战略决战。在决战中，毛泽东和中央军委及时把握战机，正确选定第一决战战场，首先进行了辽沈战役。战略决战结束，全国解放也就指日可待了。

　　9 月 12 日，伟大的战略大决战的第一个战役——辽沈战役打响了。这时，敌人在东北的总兵力约 55 万人，其中卫立煌率 30 万人守沈阳，郑洞国率 10 万人守长春，范汉杰率 15 万人守义县至秦皇岛一线，重点在锦州、锦西地区。而东北人民解放军已有 105 万人，超过了敌人约 1 倍。至 29 日，东北解放军先后攻克河北省的昌黎、北戴河和辽宁省的绥中、兴城，切断了辽西走廊，将锦州、义县之敌分割包围。

　　10 月 14 日清晨，总攻锦州前的炮击开始。我炮兵纵队集中 500 门大炮向城内各固定目标猛烈轰击，轰击进行了足足一个半小时，锦州城顿时陷于硝烟火海中，一座座碉堡被炸得粉碎。炮声刚停，漫山遍野千百把冲锋号便一齐吹响，山鸣谷应，向

攻城部队发出了冲锋的命令。伴着号声,战士们"哗"的一声跃出堑壕、交通壕,向敌前沿突破口冲去。至15日,歼敌10万余人,锦州完全被解放军占领。

锦州战役结束后,我军紧接着转战辽西,与国民党军廖耀湘兵团进行了又一场大会战。战至28日晨,辽西会战结束,一举歼灭了国民党军队的东北主力,包括国民党军第9兵团所属新1军、新6军、新3军、第71军、第49军5个军12个师的部队10万余人,以及一些杂牌部队和直属重炮单位。兵团司令廖耀湘被活捉。此战结束,也就彻底定下了国民党在东北的败局。接着,东北我军于11月2日攻占沈阳、营口,10日占领锦西、葫芦岛,至此,东北全境解放。

辽沈战役从9月12日开始,至11月2日结束,大战52天,歼灭国民党"东北剿总"及所属4个兵团部、11个军部、36个师及地方保安部队共47万余人,俘虏国民党军少将以上军官186名(起义者除外),缴获各种炮4709门、轻重机枪13287挺、各种枪17万余支,击落飞机11架、缴获飞机16架、坦克76辆、装甲车151辆、火车机车348辆、车皮1380节、汽车2170辆和大批军用物资、设施。

东北全境解放,东北我军得以腾出手来参加关内作战,大大增强了关内我军的兵力,同时,能充分利用东北工业基地和经济力量,支援全国人民解放战争,加速胜利的进程,蒋家王朝的末日不远了。

目录
CONTENTS

第一章　蒋介石沈阳用计　毛泽东棋高一着

一、毛泽东下决心要东北野战军打锦州

1948年二三月间，东北人民解放军召开全军政治工作会议，罗荣桓政委根据毛泽东2月7日提出的"封闭蒋军在东北加以各个歼灭"的战略设想和东北局的决定，提出了"争取全歼敌人进入东北的兵力"的任务。他要求把这一作战任务在部队中广为宣传，使全军树立起一个明确的战斗目标。

但是如何歼灭东北敌军，是由北而南，先打长春之敌，再打沈阳、锦州，还是先攻锦州，形成"关门打狗"之势，再打沈阳、长春之敌？这个战略方针的确定，却经历了一些反复。

2月10日，林彪曾致电毛泽东同意"将敌堵留在东北各个歼灭"的战略设想。冬季攻势结束后，4月18日，东北局和东北野战军又决定先打长春，以解除后顾之忧。

22日，毛泽东经与中央军委其他负责同志研究，复电同意。

为了组织围攻长春，5月中旬，东北局决定组成第一前线指

中共中央主席、中央军委主席毛泽东在河北省平山县西柏坡

挥所，由萧劲光任司令员，肖华任政治委员，以原辽东军区机关组成第一前线指挥所机关。

6月4日，中共中央和中央军委批准，成立中共中央军委东北分会，林彪为主席，罗荣桓为副主席，高岗、谭政、刘亚楼、萧劲光、程子华为委员。

7月，东北局常委重新讨论了东北战场的形势和东北解放军作战行动问题，准备在雨季结束以后，即8月中旬南下作战。7月20日，林彪、罗荣桓、刘亚楼向军委报告了这一计划。7月22日，毛泽东复电同意，并明确指出南下作战对我军的各种有利条件。7月30日中央军委又致电林彪、罗荣桓、刘亚楼，明确指出："应当首先考虑对锦州、唐山作战。"此时，毛泽东在辽沈决战的战略构想基本形成。

可以说，这是毛泽东大决战战略部署的又一大手笔。打下锦州，就堵住了东北之敌陆上逃跑的通道，对东北之敌形成

"关门打狗"之势。

在毛泽东的力促下，东北局和东北军区经过反复酝酿，终于定下南下作战，先打锦州的决心。为了适应这一形势需要，8月14日，军委决定，东北军区和东北野战军正式分开，林彪任东北军区司令员兼政治委员、东

中共中央书记处书记、军委副主席刘少奇在西柏坡

北野战军司令员，罗荣桓任东北军区第一副政治委员、东北野战军政治委员，刘亚楼任东北军区兼东北野战军参谋长，谭政任东北军区兼东北野战军政治部主任。

这时，敌人在东北的总兵力约55万人，其中卫立煌率30万人守沈阳，郑洞国率10万人守长春，范汉杰率15万人守义县至秦皇岛一线，重点在锦州、锦西地区。而东北人民解放军已有105万人，超过了敌人约1倍。

9月7日，毛泽东致电林彪、罗荣桓、刘亚楼，进一步明确了辽沈战役的作战方针，并特别强调要"置长、沈两敌于不顾，专顾锦、榆、唐一头为宜"的作战重点。

遵照毛泽东这一指示，9月10日，林彪、

中共中央书记处书记、军委副主席朱德在西柏坡

罗荣桓上报了作战计划：第一步以奔袭战术歼灭北宁线除山海关、锦州、锦西以外各点之敌，切断关内外国民党军的联系；第二步集中兵力攻克锦州和打击增援锦州之敌。接着东北野战军陆续向各部队下达了进军命令：以6个纵队、3个独立师、1个骑兵师和炮兵纵队的主力，夜行昼伏，长途奔袭，包围锦州及北宁线上各点，以4个纵队及1个骑兵师驻守锦州以北的新民县西北，监视沈阳的敌军；以1个纵队在开原地区准备阻击长春敌军突围或沈阳敌军北援长春；以1个纵队、6个独立师和炮纵一部继续围困长春。

东北敌人的态势，按照罗荣桓的比喻，看上去像是个"人"字形，长春是头，沈阳是肚子，北宁线是一条腿，从沈阳经辽阳到营口的中长路南段是另一条腿。现在如果打长春、沈阳，敌人拔腿就跑。只要砍掉敌人两条腿，只剩下头和肚子，他就只能束手就擒了。

9月12日，三大战役之第一大战役——辽沈战役打响了。东北野战军第2兵团司令员程子华、政治委员黄克诚指挥第11纵队和3个独立师、1个骑兵师，由建昌营等地出击，向北宁铁路沿线之滦县至兴城段之敌发起了积极猛烈的攻击。战至29日，东北解放军先后攻克河北省的昌黎、北戴河和辽宁省的绥中、兴城，控制了辽西走廊，切断了国民党军关内外的联系，将锦州、义县之敌分割包围。

战事进展基本顺利，但也出现了一些问题。9月25日，东北野战军总部得悉敌人正从沈阳空运第49军增援锦州，乃命令第8纵队用炮火监视锦州机场。26日，第8纵队报告：锦州有两个机场，东郊机场已几年未用，西郊机场正在使用，请示应封锁哪一个机场。由于第8纵队延误了时间，总部改派第9纵队

控制机场。两天后，第 9 纵队一个炮营用炮火轰击西郊机场，击毁敌机 5 架。28 日，炮兵纵队一部赶到，以炮火封锁了锦州机场，切断了国民党军的空运航线，终于迫使敌人停止空运部队到锦州。

毛泽东得悉情况后，即于 9 月 30 日来电："歼敌两万，毁机五架，甚慰。望传令嘉奖。"毛泽东的电报同时也批评了延误两天封锁机场的部队，指出："大军作战，军令应加严。"

这一事件说明，由于战场情况瞬息万变，指挥机关不应远离战场。9 月 30 日，林彪终于下决心将指挥部迁到前线去。

二、蒋介石要"国军"立刻援锦州

再说国民党方面。东北民主联军（1948 年 1 月改称东北人民解放军）于 1947 年 12 月 14 日发起的冬季攻势，给东北之敌以沉重打击，敌损兵折将 15 万余人，被迫龟缩在沈阳、长春、锦州三个互不联系的地区。为了挽回失败之势，蒋介石令卫立煌为东北行辕副主任兼东北"剿总"总司令，专负东北军事全责，但东北行辕主任仍由陈诚兼任，且不常驻东北，由卫立煌代行主任职权。卫立煌处事稳健，到东北后，不管解放军打到什么地方，如解放新立屯、盘山、辽阳、法库、鞍山等城市，都采取一种稳重态势，蒋介石再三电令他派兵给各地守军解围，他总是把主力集中在沈阳附近不动。他有自己的道理，多次告诫部属："共军的目的和战术是围城打援，我们不能上共军的圈套。"

这时，蒋介石急于打通沈锦线，他的如意算盘是：只要打通了沈锦线，他在沈阳的 30 万大军就能进退自如，战况好时，

中共中央东北局领导在研究军事问题

左起：萧劲光、刘亚楼、罗荣桓、林彪、高岗、陈云、洛甫、吕正操。

就守；不好时，就退往锦州，从海上逃走。见卫立煌在东北不出沈阳一步，非常生气，就一改原来支持卫立煌保全东北的诺言，要卫立煌留第53军及第207师守沈阳，将主力从沈阳撤至锦州。卫立煌坚决反对，并派东北行辕副主任兼"剿总"副总司令郑洞国于1948年2月23日专赴南京，24日飞牯岭，向蒋介石申述意见。郑洞国见到蒋介石后向其阐述了卫立煌的意见：目前，解放军已占领锦州、沈阳间要隘沟帮子，巨流河、大凌河已解冻，重武器及大部队皆无法通过，国民党军在沈部队残缺不全，非经过相当时期的整补不可，否则一出沈阳即有被消灭的危险，故仍应坚守沈阳，待部队整补完毕后，再伺机打通沈锦线。

蒋介石听郑洞国转述卫立煌的意见后，不同意卫立煌的主张，严令道："你不要听卫立煌的话，马上飞回沈阳，传我的命令，要卫立煌立即打通沈锦线，将主力撤至锦州，必要时可放弃吉林、长春。"郑洞国不敢怠慢，于25日返沈复命。

从此，蒋、卫间矛盾日益尖锐。

郑洞国返沈后，卫立煌立即召集各将领开会，向大家传达蒋介石的命令，各高级将领仍一致赞成卫立煌的计划，认为蒋介石的作战计划不切合战场实际。其中廖耀湘、赵家骧、罗又伦等最赞成。

中共中央书记处书记、军委副主席周恩来在西柏坡

中共中央书记处书记任弼时在西柏坡

于是卫立煌再派赵家骧、罗又伦赴南京见蒋，陈述利害得失。

蒋介石见各位高级将领都反对自己的意见，脸上青一阵、红一阵，最后不得不允诺在东北暂保现状，加紧补充训练，一

毛泽东主席一九五五年春节宴请原国民党东北"剿总"司令卫立煌将军

俟部队整训完毕,再由沈阳、锦州同时发动攻势,打通沈锦线,将主力移至锦州。

赵、罗返沈后,将蒋介石的指示向卫立煌陈述。卫立煌认为解放军越打越强,分散孤立的小据点可能会被解放军吃掉,即决心放弃吉林,集中兵力固守长春。他命令郑洞国、赵家骧飞赴吉林下达命令指挥撤退。

3月9日,东北人民解放军解放吉林和号称"电都"的小丰满。13日,解放四平街,歼守军1.9万余人。至15日,东北人民解放军在东北发动的冬季攻势已胜利结束,共歼国民党军15万余人。这时在东北的国民党军,只剩下长春、沈阳、抚顺、本溪、锦州、葫芦岛等几个孤立据点。卫立煌打算尽快将关内向东北增调的部队及补充兵员运到葫芦岛登陆,另用在锦州及沈阳附近抓捕的大批青年壮丁将部队补充齐全,加紧训练,以

长期固守沈阳。

可是蒋介石当时的方针却与卫立煌完全相反，始终未忘将沈阳主力撤至锦州的想法。他决定召见卫立煌，拟亲自说服卫立煌将沈阳主力撤至锦州。

卫立煌于 3 月 31 日中午过北平，在机场与傅作义长谈后，即飞南京，当晚向蒋介石汇报东北情况。翌日上午 11 时，蒋介石再度召卫立煌谈话。

蒋介石力劝卫立煌说：

"你应将沈阳主力撤至锦州，在沈阳、长春留少数部队防守。"

卫立煌以部队残破未加整训，不可能打到锦州，反而有被消灭的危险为由，坚决反对，他说："只要不将主力撤出沈阳，东北部队补给由我负责，请美国顾问团帮助运输。"

蒋介石又何尝不想保住沈阳、长春，听卫立煌打下这样的保票，立即同意，连声说："好！好！只要你对部队补给有办法，也可以照你的意见暂时不撤往锦州。但是一旦补充整训完毕，仍要赶快打通沈锦线。"

根据蒋介石的安排，5 月 11 日，美军顾问团团长巴大维亲率美顾问及译员共 9 人赴沈阳视察，会见卫立煌，12 日视察抚顺，13 日返回南京。美顾问团这次视察时，廖耀湘、李涛等亲自陪同视察新编第六军和新编第 22 师部队。为了赢得美顾问团的欣赏，廖耀湘命 22 师挑选优秀射手，表演了轻重武器射击和各兵种联合演习。同时，廖耀湘向部队宣布顾问团这次来沈阳的主要任务是：

1. 视察飞机场的设备及容机量；

2. 找仓库，准备运输 10 个师的美式装备，预定在 1949 年三四月间运到；

3. 视察新编第 1 军、新编第 3 军、新编第 6 军及第 207 师等

美式装备部队，准备更换"超龄"的轻重武器。

这显然是借美国主子为部属打气。

卫立煌这次到南京，未屈从于蒋介石，反而把蒋介石说服了。卫立煌回沈阳后，兵员、装备、给养源源而来。卫立煌真有点儿志得意满。为实行他长期固守长春、沈阳、锦州，锐意经营东北的计划，他积极整军经武，加紧训练，规定各军、师间互相观摩，取长补短。卫立煌也不断亲自到各军视察，参观新编第 6 军、新编第 1 军在沈阳附近的陆、空联合演习，第 71 军在巨流河的防御战斗，第 49 军的射击训练和近距离战斗演习。

卫立煌在东北整训一个多月之后，部队战斗力有所提高。到 5 月初，蒋介石根据全国战场节节失利的形势，又令卫立煌打通沈锦线，将主力撤到锦州。卫立煌从东北战局出发，当然不同意，即派第 9 兵团司令官廖耀湘、"剿总"参谋长赵家骧、第 6 军军长罗又伦等代表他赴京见蒋，申述利害，请示机宜。

蒋介石决心要把沈阳国民党军主力撤到锦州。为了实现自己的意图，对卫立煌釜底抽薪，决定只留第 53 军与第 207 师守沈阳，其余各军及特种兵团（战车、炮兵、装甲车、骑兵等）统编为机动兵团，归廖耀湘统率，随时准备行动。

由于蒋介石的人事安排，廖耀湘返沈后，卫立煌与廖耀湘之间也发生了矛盾。廖耀湘急于想成立机动兵团扩充他个人的权力，卫立煌怕廖耀湘将沈阳的主力拉走，坚决反对，于是这个机动兵团始终未能成立。

蒋介石见机动兵团未能成立，就一个个做东北将领的工作。18 日，又召见东北"剿总"副总司令兼沈阳防守司令官梁华盛询问沈阳战局。接着蒋介石再召第 7 兵团司令官刘安棋赴京述职。蒋介石的意见仍然是要急于打通沈锦线，将沈阳主力撤到锦州。刘安棋当然也不敢接受蒋介石的这一任务，因为刘安棋

心中明白，谁接受这一任务，谁就会被吃掉，如果没了部队，就只能当光杆司令。

蒋介石见东北将领上自总司令卫立煌，下至兵团司令官、防守司令、军长，都不同意他的这一方案，于是又来一招，决定将一月间成立的冀热辽边区司令部由秦皇岛移到锦州。早在范汉杰到锦州时，蒋要范准备打通沈锦线，将沈阳主力撤到锦州，并由山东抽调第9军及第54军由葫芦岛登陆归范汉杰指挥。6月初，蒋介石又致电范汉杰加紧准备打通沈锦线。

这时卫立煌主张巩固沈阳、锦西、葫芦岛防务，而蒋介石令范汉杰集中力量经营锦州，于是卫立煌和范汉杰之间矛盾也日益加深。

与此同时，卫立煌又认为范汉杰的边区司令部是归华北"剿总"及东北"剿总"双重指挥的机构，一旦华北吃紧，华北"剿总"会将部队调走，使沈阳更加孤立。对此，蒋介石和卫立煌之间曾有几度争执。

蒋介石为了打消卫立煌的顾虑，于7月20日再次在南京召见卫立煌，许诺将冀热辽边区司令部改为东北"剿总"锦州指挥所，仍由范汉杰以东北"剿总"副总司令兼锦州指挥所主任坐镇锦州。

这样，卫立煌才稍稍安心。

蒋介石为了把东北主力撤到锦州，用尽心机在东北物色能执行他命令的将领，初则属意于廖耀湘，后则属意于范汉杰，而把卫立煌搁在一边。弄得在东北的国民党将领中，各有所私，各怀鬼胎，互相勾心斗角，各据一部分实力，个个要直接听蒋介石的命令，谁也无法统一指挥。这样的部队，这样的将领，这样的统帅，又怎能打胜仗呢？

1948年9月12日，东北人民解放军发起声势浩大的辽沈战

役。攻势首先由北宁路榆、锦段开始。这时，蒋介石对解放军采取的这一决战性的战略行动估计不够，未料到解放军将榆锦段截断就可以形成"关门打狗"之势，歼灭全东北国民党军，于是，令卫立煌经沈锦路出辽西直接解锦州之围，而卫立煌与廖耀湘又坚决反对这一方案。卫立煌认为锦州之围应由关内出兵直接解决，然后由他与锦州部队会合出大凌河向大虎山攻击前进，这时沈阳主力才西出与东进部队会师。所以卫立煌仍然没有执行蒋介石的命令。

此时，锦州门户义县已经岌岌可危。范汉杰连电乞援，蒋介石召卫立煌于9月24日到南京开会。蒋逼令卫立煌由沈阳出兵支援锦州，卫立煌仍然不愿接受。最后，蒋介石一面决定空运第49军到锦州增援，一方面仍强要卫立煌由沈阳沿沈锦路攻击前进，并派参谋总长顾祝同到沈阳监督执行命令。

顾祝同、卫立煌于26日由南京飞回沈阳。顾祝同在沈期间，曾一再召集东北将领会议，要卫立煌出兵沿沈锦路前进解锦州之围，卫立煌仍坚决反对执行这项命令，并与顾祝同多次争吵。

卫立煌吵急了眼，也顾不得总司令的身份，赌咒发誓起来：

"出了辽西一定会全军覆没，你不信我同你画个'十'字（画押的意思）。"

最后顾祝同见义县即将完蛋，要卫立煌出兵辽西仍无希望，只能将东北负责将领的意见转报蒋介石作最后决定。顾祝同带着不愉快的心情回到南京，向蒋介石进谗言，说：

"东北负责将领不服从命令，不愿意打仗，企图避免作战。"

蒋介石得到顾祝同的汇报后非常愤怒，于9月30日飞北平亲自指挥。蒋介石顾不得一路劳累，午后即到华北"剿总"司令部作战室研究战况，为了给大家打气，对傅作义等10余人训了一次话。说：

"'革命'发生了困难，几年后美国和苏联必战，战争的结果是美国胜利，我们也胜利。"

谁知这番话不但没有给大家打气，反而泄了气。大家听了后，觉得完了，蒋介石从来没有讲过这样的话，尤其觉得连蒋介石自己都毫无信心，只想靠美国人侥幸获胜，这仗还有什么希望呢？

无可奈何，蒋介石又打华北部队的主意，与傅作义商议由华北抽兵增援东北。商讨结果，拟调华北林伟俦的第62军、黄翔的第92军（后来只调第21师一个师）及独立第95师增援；另决定放弃烟台，调出王伯勋的第39军增援。以上部队均由海运向葫芦岛集中，并调华北第17兵团司令官侯镜如到葫芦岛统一指挥，在侯镜如未到前，由原驻葫芦岛的第54军军长阙汉骞指挥。

蒋介石在北平将拟调兵力确定后，急匆匆于10月2日飞赴沈阳召开军事会议，对党政军各头目讲话，要他们"同心同德，配合军队完成'戡乱'大业"，要求各将领"要有杀身成仁的精神，努力作战"。

晚间，师长以上将领和辽宁省厅长以上人员在"剿总"会餐，餐后厅长以上地方人员离开，蒋介石专门对师长以上人员讲话，可谓恩威并施，说："我这次来沈阳是救你们出去，你们过去要找共军主力找不到，现在东北共军主力已经集中在辽西走廊，这正是你们为党国立功的机会。我相信只要你们能够发挥过去英勇作战的精神，和关内我军协同行动，是一定可以成功的。关于空军的协助，后勤的补给，我都已经为你们准备好了。万一你们这次不能出动，那么来生再见。"

各师级以上军官听了蒋介石这一番话，无不胆战心惊。

三、东北野战军全线协力围锦州

就在蒋介石到达沈阳的同一天，即10月2日清晨，东北野战军总部的列车到达郑家屯以西。

正准备吃早饭的时候，值班参谋报告说，在正东方发现一架飞机。东北野战军参谋长刘亚楼命令所有人员立即下车分散隐蔽。人未下完，敌机已经临空，原来是架侦察机，飞得高高的，盘旋了几圈，扫射了一阵，就飞走了。

"是不是继续前进？"作战科长尹健请示刘亚楼。

"我已经请示过'101'（林彪代号），他决定暂时不走，要机关人员在附近村落分散隐蔽防空。你告诉他们架好电台与军委和各纵队联络，看看有没有什么新的情况。"

晚上10时，尹健估计可以行动了，又去请示参谋长，刘亚楼低声说："有新情况，要等军委回电再说。"接着又补充一句，"告诉电台注意收听军委的来电！"

林彪、罗荣桓（右）、刘亚楼（左）在锦州战役中

　　原来，电台收到一份情况报告说，在葫芦岛，敌人新来了4个师。电报立即送给了林彪。本来，在酝酿南下时，林彪就迟迟下不了决心，他主要的顾虑是：1. 缺粮缺油，汽车只带了从后方南下单程的汽油；2. 后方运输线太长；3. 怕傅作义由关内北上，锦州攻不下，大量汽车、坦克、重炮会因无汽油而撤不出来。在罗荣桓、李富春、钟赤兵等仔细地安排了后勤运输后，林彪南下的决心增强了。但他一听说敌人在葫芦岛增兵4个师，担心被沈阳、锦西、葫芦岛之敌所夹击，又犹豫起来，命令暂停前进。10月2日22时，他以林、罗、刘的名义向中央军委发去特急电报：

　　得到新5军及95师海运葫芦岛的消息后，本晚我们在研究情况和考虑行动问题。估计攻锦州时，守敌八个师虽战力不强，但亦需相当时间才能完全解决战斗。在战斗未解决以前，敌必在锦西葫芦岛地区留下一两个师守备，抽出54军、95军等五六个师的兵力，采取集团行动向锦州推进。我阻援部队不一定能堵住该敌，则该敌可能与守敌会合。在两锦间敌阵地间隙不过五六十里，无隙可图。锦州如能迅速攻下，则仍以攻锦州为好，省得部队往返拖延时间。长春之敌数月来经我围困，我已收容逃兵1.8万人左右，外围战斗歼敌5000余人，估计长春守敌现约8万人，士气必甚低。我军经数月整补，数量质量均大大加强，故目前如攻长春，比较六月间准备攻长春时的信心大为增加，但需多迟延半月到20天时间。以上两个行动方案，我们正在考虑中，并请军委同时考虑与指示。

　　林彪签发这一电报后，攻锦部队仍按原部署继续向锦州推进。东北野战军总部列车亦于深夜继续前开。

10月3日清晨，罗荣桓和刘亚楼一同去找林彪，罗荣桓建议林彪仍然执行打锦州的决定。林彪征求刘亚楼的意见，刘亚楼同意罗荣桓的建议。林彪想了一会儿，叫秘书告诉机要处；追回那份电报。但是电报已经在早晨4点多钟发出去了。

东北行政委员会主席林枫在哈尔滨

罗荣桓建议不要等军委回电，重新表态，说明我们仍然要打锦州。林彪同意。于是3人研究后又重新写了电报，于10月3日9时签发。电报内容是：

我们拟仍攻锦州。只要我军经过充分准备，然后发起总攻，仍有歼灭锦敌的可能，至少能歼灭敌之一部分或大部分。目前如回头攻长春，则太费时间，如令不攻长春，该敌亦必自动突围，我能收复长春，并能歼敌一部分……此次战斗目的，拟主要放在歼灭敌人上。锦州有可能在夺取之后，像开封一样，两面援敌重占锦州。因我打援力量仅能迟滞敌人，而无歼灭敌人的可能。敌宁可放弃沈阳，而必保持和恢复锦州。

此时，东北野战军总部的列车已经到达彰武以北的冯家窝棚。军委电台收到此电报的时间是20时15分，译成电文抄送到军委负责人那里已是4日凌晨1时30分。在这以前，军委于3日17时和19时接连发来两封由毛泽东拟稿的电报，批评回师打长春的错误想法。

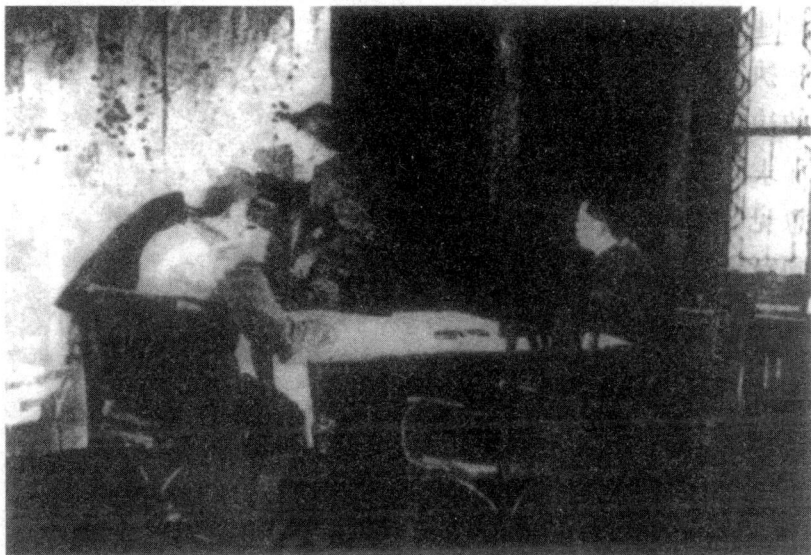

东北野战军领导在研究作战计划（左起：罗荣桓、林彪、刘亚楼）

17时的电报内容是：

（一）你们应利用长春之敌尚未出动，沈阳之敌不敢单独援锦的目前紧要时机，集中主力，迅速打下锦州，对此计划不应再改……你们可以于攻锦州之同时，部署必要兵力于两锦交通线上，首先歼灭由锦西增援锦州之四个师，然后打下锦州。在五个月前（即四、五月间），长春之敌本来好打，你们不敢打；在两个月前（即七月间），长春之敌同样好打，你们又不敢打。现在攻锦部署业已完毕，锦西、滦县线之第八、第九两军亦已调走，你们却又因新五军从山海关、95师从天津调至葫芦岛一项并不很大的敌情变化，又不敢打锦州，又想回去打长春，我们认为这是很不妥当的。（二）你们指挥所现到何处？你们指挥所本应在部队运动之先（即八月初旬），即到锦州地区，早日部署攻锦。现在部队到达为时甚久，你们尚未到达。望你们迅速

ZHONGWAIZHANZHENGCHUANQICONGSHU

移至锦州前线，部署攻锦，以期迅速攻克锦州。迁延过久，你们有处于被动地位之危险。

19时的电报内容是：

本日17时电发出后，我们再考虑你们的攻击方向问题，我们坚持地认为你们完全不应该动摇既定方针，丢了锦州不打，去打长春。除了前电所述之理由外，假定你们改变方针打下了长春，你们下一步还是要打两锦。那时，第一，两锦敌军不但绝不会减少，还可能增加一倍，这样，将增加你们打两锦的困难；第二，目前沈阳之敌因为有长春存在，不敢将长春置之不顾而专力援锦，你们可利用长春敌人的存在，在目前十天至二十天时间（这个时间很重要），牵制全部至少一部分沈阳之敌。如你们先打下长春，下一步打两锦时，不但两锦情况变得较现在更难打些，而且沈敌可能倾巢援锦，对于你们攻锦及打援的威胁将较现时为大。因此，我们不赞成你们再改计划，而认为你们应集中精力，力争于十天内攻取锦州，并集中必要力量与攻锦州同时歼灭由锦西来援之敌四至五个师。只要打下锦州，你们就有了战役上的主动权，而打下长春，并不能帮助你们取得主动权，反而将增加你们下一步的困难。望你们深刻计算到这一点，并望见复。

毛泽东发出这两个批评电报后又过了5个多小时，收到了林、罗、刘重新表示攻锦决心的电报，4日晨6时又发出回复电报表示：

（一）你们决心攻锦州，甚好甚慰。

（二）你们决定以四纵和十一纵全部及热河两个独立师对付

东北野战军主力由沈阳以北等地区向北宁线开进

锦西、葫芦岛方面之敌，以一、二、三、七、八、九共六个纵队攻锦州，以五、六、十、十二共四个纵队对付沈阳援锦之敌，以九个独立师对付长春之敌，这是完全正确的。你们这样做，方才算是把作战重点放在锦州、锦西方面，纠正了过去长时间内南北平分兵力没有重点的错误（回头打长春那更是绝大的错误想法，因为你们很快就放弃了此项想法，故在事实上未生影响）……从这件事，你们应取得两个教训：第一个教训是，你们的指挥所应先于部队移动到达所欲攻击的方向去（这一点，我们在很早就向你们指出了），由于你们没有这样做，致使你们的眼光长期受到限制；第二个教训是，在通常的情况下，必须集中主力攻击一点，而不要平分兵力。

……

（三）关于不应当回头攻长春的理由，不是如你们所说的"太费时间"以及"即令不攻长春，该敌亦必自动突围，我能收复长春，并能歼敌一部"，而是如我们昨日 17 时及 19 时两电所说的那些理由，即你们如果真的回头攻长春，你们将要犯一个

大错误，就拿突围一点来说，目前该敌突围愈迟愈有利，不突

东北野战军后勤部队汽车向前线抢运粮食，准备军需

围更有利。

（四）在此以前我们和你们之间的一切不同意见，现在都没有了，希望你们按照你们3日9时电的部署，大胆放手和坚持地实施，争取首先攻克锦州，然后再攻锦西。

对于蒋介石为了挽救其在东北全军覆没的命运飞到沈阳一事，毛泽东指出：

蒋介石已到沈阳，不过是替丧失信心的部下打气。他讲些做些什么，你们完全不要理他，坚决按照你们3日9时电部署做去。

收到毛泽东这封电报，林彪、罗荣桓、刘亚楼深感毛泽东高瞻远瞩，打内心里拥护毛泽东关于辽沈战役的决策。这封电报，坚定了东北野战军攻锦的决心，促进了领导思想迅速统一，坚定了各级指挥员和广大战士争取胜利的信心。

前方指挥所的列车于10月4日到达阜新，因南面铁路没有修通，故指挥所人员又换乘汽车。

10月5日，前方指挥所到达锦州西北距锦州30多里的牤牛屯。这是一个依傍着通向锦州的公路，只有几十户人家的小村子。牤牛河由西向东穿村而过。眼下河里只有浅浅的流水，人可以一迈而过。但是有了这条河，东可以运动到公路上，西可以隐蔽进山，是一个可进可退的地方。指挥所到达后，立即架起电台，向中央军委报告了指挥所的位置。

6日，收到毛泽东主席电报指示：

（一）你们到锦州附近指挥甚好。但你们不应距城太近，应在距城较远之处，以电话能联络攻城兵团即妥，务求保障安全。另设攻城直接指挥所，委托适当人员，秉承你们意旨，迫近城垣指挥（亦不要太近）。（二）国民党统治机构全部慌乱，一切战场处

东北后方兵工厂生产大批武器弹药供给作战

于被动，士气普遍下降，望鼓励全军将士奋勇杀敌，争取大胜。

可见毛泽东虑事详细，对属下之关心。

东北野战军司令部的观察指挥所（即直接指挥所）设在锦州北"459"高地附近的帽儿山上。

作战科长尹健等几名干部去请刘亚楼看地形，路过罗荣桓

住处的时候，被正在散步的罗荣桓叫住。

"你们什么时候去看地形？"

"马上就去。正要去请'103'。"

"我也和你们一同去。你告诉'103'，请他问问'101'去不去。"

为了保密和安全，当时对林彪称呼为"101"，对罗荣桓称呼为"102"，对刘亚楼称呼为"103"。

这一天，晴空万里，阳光普照。

汽车沿公路来到山下2纵司令部驻地——老虎屯。2纵队司令员刘震、3纵司令员韩先楚等都在那里等候。大家一面说话，一面等待骑马，恰好，9纵队政委李中权乘车路过，他下车后，汇报了9纵队最近攻打锦州外围的战斗情况，罗荣桓问了他们执行政策和战场纪律的情况后说：

"我过去批评过几个纵队，也包括你们9纵，在作战中执行

大批军需物资正在装运前线

城市政策不好。在辽南新区，有的部队纪律很坏……"

李中权回答：

"你提出批评后，我们回去就开会进行了检查。主要是我们政策观点不强，当时只考虑搞些东西解决部队御寒问题，没有注意掌握城市政策。我们诚心地接受了批评，决心以此为动力，力争

打好翻身仗。这次打锦州外围的战斗，打得顽强、机智，战术动作也有进步，战斗情绪也很好。没有发生过违反纪律的事情。"

"那就很好，大的战斗还在后头，你们将来攻打锦州时，要争取当执行城市政策和战场纪律的模范。"罗荣桓满意地对李中权说。

不久，马牵来了，林彪、罗荣桓一行立即纵身上马，在前面带路的干部不敢急驰，松辔缓行，罗荣桓一边走，一边同林彪聊天，到了帽儿山下，马也上不去了。林彪、罗荣桓在大家伴随下攀上了帽儿山。极目远望，只见近处几道矮丘起伏，远处锦州城清晰可见，几座烟囱高耸入云，冒着黑烟。

林彪、罗荣桓和刘亚楼一面听参谋人员汇报，一面对照地图用望远镜仔细地观察锦州战场的情况。

"攻击锦州最重要的是要把锦西方向的敌军挡住。据报告，葫芦岛方面又增加了5个师。我们的饭菜只够请一桌客，现在突然来了两桌客人，两锦相距约50千米，万一堵不住敌人，攻锦部队

东北优秀青年踊跃参军

就要受到很大的威胁。"林彪仍然对锦西、葫芦岛方面放心不下。

林彪的担忧也不是没有理由的。东北野战军的侦察机关已经知道，10月2日蒋介石飞到沈阳后，发现解放军要打锦州，

深知这一着厉害。于是，从山东、华北抽调 7 个师，加上在锦西、葫芦岛的 4 个师，拼凑一个"东进兵团"，由其第 17 兵团司令侯镜如指挥；又拼凑一个"西进兵团"，由第 9 兵团司令廖耀湘指挥，准备东西对进，以解锦州之围。由于"西进兵团"远在沈阳，有我军第 5、第 6、第 10 等 3 个纵队牵制。林彪并不担心，但他对近在咫尺的"东进兵团"这一桌新到的"客人"却颇为担心。

刘亚楼用坚定的口气回答说："第 4 纵队在这两天已先后到达塔山地区。已命令他们在打渔山、塔山、白台山部署顽强的攻势防御，现正在积极地构筑工事，那里还有第 11 纵队，配合 4 纵队防堵。一共两个纵队及两个独立师阻挡敌人，保证我们攻克锦州，我看没有问题。再说还有总预备队第 1 纵队摆在高桥，随时可以增援。"

突然一架敌机向帽儿山窜来，高高地便扔下一颗炸弹，震得大地抖动，土石崩飞。烟尘散开后，罗荣桓仍拿着望远镜瞭望城北敌人重点设防的几个据点。参谋人员怕危及首长安全，都劝林彪、罗荣桓等离开阵地。林彪答应道："好，我们走吧，具体部署回去再研究。"

回到牤牛屯，东北野战军司令部召开了军事会议，拟订了总攻锦州和打援的具体作战方案。由于在锦州北部，解放军占领了有利地形，利于集中火力，确定以城北为主要突击重点。城北主攻方向因为有配水池、化工厂两个坚固外围据点，除第 2 纵队、第 3 纵队两个纵队负责外，再把第 6 纵队的"攻坚老虎"第 17 师作为预备队，归 3 纵队指挥。炮纵的主力、坦克营全部放在城北支援主要突击方向。第 7 纵队、第 9 纵队仍由城南向北移动，配合由北部攻城的 2 纵队、3 纵队夹击敌人。8 纵队由东向西突击。攻入城区后，先将敌人分割包围，再逐个歼灭。

阻敌援兵的部队，南线塔山方向由第2兵团司令员程子华指挥，其防御部署是：4纵队、11纵队及热河的两个独立师位于打渔山、塔山和虹螺蚬一线，阻击葫芦岛和锦西方向来的增援敌人；热河独8师在山海关地区佯动，牵制关内敌人；北线黑山方向由5纵队、10纵队、6纵队（缺17师）、1纵队之第3师、内蒙古军区骑1师和辽南独立第2师，（位于新民以西和以北地区），堵击由沈阳出援的廖耀湘兵团。1纵队（缺第3师）位于锦州和塔山之间的高桥，作为战役总预备队，既可北攻锦州，

东北野战军某部攻占锦州北部的帽儿山

也可南援塔山。

10月7日，东北野战军参谋处长苏静到林彪住地，把去第3纵队了解到义县攻城的经验，特别是挖壕接敌的经验，向他作了汇报。林彪听苏静说到采取近迫作业挖壕沟攻敌时，问苏静：

"要用多少兵力挖？"

苏静汇报说：

"据5师汪洋参谋长说，除尖刀连外，要用绝大部分的兵力日夜抢挖，多挖几条交通沟，直到冲锋出发地近前。"

林彪对这一经验极为重视，立即口述电稿发给攻锦的各纵队、各师：

此次锦州战役各部需充分发挥义县战斗中挖交通沟的经验，各部须严守以下原则：（一）每个师须以6个营的兵力（三分之二的兵力）全力用于挖交通沟，只留下担任尖刀的部队在后面进行充分的突击准备的军政工作，绝不可只用少数部队挖交通沟。（二）挖交通沟时要有不怕伤亡、不怕疲劳的精神，大胆进至距敌五六十米处，沿途摆开由前向后挖，前后同时挖。（三）每个师要挖3条或5条交通沟。（四）每条沟高、宽各一米五。（五）挖时先须以卧倒姿势挖卧沟，然后逐渐挖成站沟。（六）以上指示必须坚决执行，不可懒散怕疲劳不执行。今后我东北全军的基本任务是攻大城市，故各部须在此次挖沟中，在思想上与作风上，打下坚固基础，则今后作战就增加了重大的必胜因素。只要我肯挖交通沟，则不管敌火力如何激烈，工事如何坚固，都将使其大大丧失作用。（七）各部须立即向着自己的攻击目标和地区开始挖交通沟，此次战役结束后须将挖交通沟作一总结检讨报告。

10月8日，林彪将苏静叫到他的住处说：

"锦州地形有利于我集中火力，攻取锦州看来没有问题，关键在于能不能守住塔山一线阵地挡住援敌。你要到塔山告诉4纵队的领导，希望他们死打硬拼，坚守阵地，创造模范的英勇顽强的防御战例。"

随后，罗荣桓政委又指示苏静说：

"塔山这个方向很重要，有的部队打仗对部队伤亡大了会有些顾虑，但这次不能怕大的伤亡，要坚决挡住。有些同志过去打这种防御战经验不多，我们考虑要你去4纵队去和他们研究，并告诉他们这个仗要打好。有什么情况可以及时同我们联系。"

苏静明白林彪、罗荣桓首长的意思，他们是担心部队遭到重大伤亡时动摇坚守的决心，影响攻取锦州作战，影响战局。苏静遵照指示即动身去第4纵队。

10月9日，林彪、罗荣桓、刘亚楼又将攻打锦作战的决心向军委报告：

（一）62军已于6日到达葫芦岛。沈阳之敌新1军、新3军、新6军、71军已集结新民以南和以东地区，53军亦有到达新民附近参加增援消息。长春之敌近几天来向郊外实行小的出击，并企图占据机场。我已令围城部队将机场跑道完全破坏。

（二）锦州部署大体上已完成，决定以5个纵队攻城：2、3两纵队（主力纵队）与最大部分炮火由北向南攻击；7、9两纵队（战力较弱）由南向北攻击；8纵队由东向西攻击。第一步消灭城东半部之敌，然后消灭城西半部及飞机场之敌，以1纵队为总预备队。

（三）准备自11日开始总攻。

（四）长春敌有即将突围模样。沈阳敌如直接向锦州增援，则我有3个纵队阻击该敌即够。

第二章 辽沈大战震天起 千军万马克锦州

一、攻克义县

东北野战军最高领导人林彪、罗荣桓、刘亚楼决策已定，解放锦州的大战在即。

当时的形势是：一方面，我军节节胜利，大片土地已经解放，敌人仅龟缩于长春、沈阳、锦州3个"孤岛"，客观上已成"瓮中之鳖"；另一方面，敌人在东北地区尚有4个兵团，共14个军44个师的兵力，在蒋介石的极力催促下，依仗美帝的支持，还要疯狂顽抗，极力扭转败局。

我东北人民解放军，为"关门打狗"全歼顽敌于东北境内，于1948年9月初，遵照中央军委的指示，集中了主力12个步兵纵队、1个炮兵纵队、17个独立师共53个师，70余万人，在东北人民的支持下，决心发起辽沈战役。

锦州，是联结东北和华北的一个重要战略据点，是东北战场的门户。敌人守住，进，可以作为支援东北的基地；退，可

林彪（左4）、罗荣恒（左1）刘亚楼（左2）在锦州前线指挥作战

东北野战军某部向锦州地区开进

即将开赴前线的二线兵团某部正在召开誓师大会

以作为陆上、海上逃跑的通路和跳板。我军夺下，就可切断敌从陆上逃跑的退路，在东北形成"关门打狗"之势，全歼东北之敌于东北境内。所以，锦州为敌必守，我必夺。双方决策者都清楚地看到了这一点。

敌人对锦州十分重视，防守锦州地区的敌人是东北"剿总"副司令范汉杰指挥下的8个师10余万人。范汉杰原以为东北野战军主力不可能全力南下，当北宁线发生战斗后，始感锦州危急。他一面请求增援，一面收缩兵力，准备集中3个军于锦州固守待援。但因解放军迅速将北宁线锦州南北诸段切断，其收缩计划未能实现，只能依靠原有的第93军和新8军等部的6个师及已空运到达的第49军两个多团的兵力坚守。

锦州城防构成为：依托市郊炮台山、双山子西山、罕王殿南山、紫荆山、亮马山等高地，以钢筋混凝土工事为骨干，建立许多坚固据点，构成互为犄角的外围阵地；依托小凌河、女儿河和锦州城垣构成主阵地；以城内高大坚固的建筑交通大学、日本神社、中纺公司、老城等构成内城核心据点，以图对锦州实施坚守防御。锦州工事虽十分坚固，但守军兵力不足，第93

东北野战军某部在义县外围进行战前政治动员

军为云南部队，新编第8军为刚组建的部队，战斗力均不甚强。

我军对锦州更为重视，因为打下锦州，就可关上东北大门，彻底陷长春、沈阳之敌于孤立，我军就有了主动权，整个辽沈战役就会稳操胜券。我东北人民解放军，根据中央军委"置长春、沈阳两敌于不顾"的指示，除以一部继续围困长春之敌外，以6个纵队和1个炮兵纵队、1个坦克营，于1948年9月12日开始向锦州地区出击。另以两个纵队配置于锦州西南的塔山、高桥地区，3个纵队配置于黑山、大虎山、彰武地区，分别阻击由锦西、葫芦岛方向救援锦州之敌。

而义县，又是锦州的门户，是我军南下攻打锦州的必经之地，范汉杰在这里设有一个嫡系精锐师。我军欲图锦州，必须先取义县。打下义县，我主要从长春方向开来的大军，特别是炮兵和坦克部队，以及物资辎重，才能进入锦州地区，同时，也就掐住了锦州之敌的咽喉。

在这种形势下，我东北人民解放军第2纵队5师，第3纵队7师、8师、9师，以及部分炮兵部队，共5万余人，统一由3纵队司令员韩先楚、政委罗舜初指挥，由西安（今辽源）地区来到辽西，接替4纵队，包围了义县。

知己知彼，百战百胜。为按时攻下义县，纵队司令部首先详细地侦察了城内敌情：

这里驻守着敌人1个师的兵力。和其他国民党军一样，这帮家伙骄奢淫逸，尔虞我诈。师长王士高仰仗上司范汉杰等人的青睐，骄横跋扈，刚愎自用；师参谋长王丕武专好女色；团、营、连长克扣军饷，打骂士兵；上下之间勾心斗角，互相倾轧，甚至为争夺一个什么"白小姐"，从师头目到排长之间闹得不可开交。而当兵的则多是一些以欺压百姓为能事的兵痞和强行抓来的壮丁。但另一方面，这个师在国民党部队中，又堪称"精锐之师"，师长王士高有文化、懂军事，胆大而顽固，严厉而心细，而且颇有一套施行小恩小惠笼络人心的伎俩，再加上部队武器装备精良，百分之八十以上是美国供给的最新武器装备，且有一些死硬分子，故颇有战斗力。

根据敌人这些情况，又加上对地形地物作了实地勘察，韩先楚司令员和罗舜初政委对攻城进行了精心部署：5师在城西担当主攻，8师在正东攻击，9师在西南配合5师进攻，7师在东南方担当预备队，防止敌人逃窜。城北是一条河。城东南是炮兵。我纵队司令部设在正南离城门不到1000米远的山包上的一条两米来深的沟壑中，站在指挥所里，探头可以清楚地看见敌人设在城墙炮楼里的炮眼。

战前准备在有条不紊地进行着。最大的工作量是挖工事。所挖交通壕的干线需能开进汽车，支线能进担架。另外，还有各部指挥所、各种掩蔽设施、地道、暗堡等。敌人也作了防守准备，在城墙周围布满了地雷，我军不得不一边排雷，一边挖工事。其他准备工作，如包装炸药，工作量也不小：4个师所需要的全部炸药包，都得在发起总攻前，按25斤或50斤一包，装好导火索，用白布包裹起来，还得现砍"丫"形树杈装上，以便携带使用。但尽管准备工作繁重而复杂，由于全体官兵明确了这次战役的重要性，整个准备工作迅速而有序地进行着。

这时炮兵部队也已从牡丹江赶来，进入阵地。

整个阵地，人员上岗，子弹上膛，只待一声令下。

10月1日9时30分，韩先楚司令员举起望远镜朝敌阵地仔细地瞭望着，一会儿，又掏出怀表仔细地看，看着看着，忽然，他移开了视线，收起怀表，扭头看看炮兵司令员朱瑞，用温和而严肃的语气说：

"时间到了！"

炮兵纵队朱瑞司令员立刻威严地通过电话向阵地发出了命令："打！"

几乎与此同时，一发发红、绿色信号弹，从义县城周围，飞上了天空。

我军的大炮首先发了言，炮口吐着火舌，炮弹呼啸着飞向目标，以排山倒海之势，轰响在敌人的炮楼、城墙、城门及各主要据点。

大地颤抖，乱石崩飞。

我军攻克义县的战斗打响了。

敌人的炮楼，设在义高又厚的义县城墙的周围，炮楼里设有小钢炮、机枪、步枪等，每座炮楼都可以三面射击，形成交叉火力，天上还有飞机，另外城墙里头还垒上了暗堡，从而构

东北野战军某部突破义县城防

成了密集的立体火力网。再加上城墙外围有一条又深又宽的护城沟堑，沟外有铁丝网，铁丝网外又密密麻麻地埋下了地雷。这些地雷，多是一些反坦克雷，既能阻挡坦克前进，又能伤人。

对于这样的防御设施，敌人以为会固若金汤，万无一失。不曾想，我军的大炮不一会儿就把敌人的很多炮楼轰哑了，一些重要火力点也顿时被摧毁，靠近城门（南门）右侧的城墙，很快就轰开了一道大豁口子，城墙其他各处刹那间也变成残垣断壁。

就在我军停止炮火轰击的同一时刻，一百多支冲锋号一齐响起，我步兵开始冲锋了！

这时，韩先楚司令员用望远镜朝前仔细观察了一会儿，向其他首长交代了一下，抓起电话，就向兵团首长萧劲光请示：

"首长，我要到前面去看看！"

"不行！"萧司令员说："你不能去！不是有作战参谋吗？让他们去！"

　　韩司令员没法，就安排作战参谋范昆源带着 3 个通讯员、2 个电话员、1 个警卫员，到火线查看情况。范昆源刚要走，只见面前纵队宣传部石部长举起照相机要给韩司令员拍照。韩司令不让，挥手撵开了石部长，走近罗舜初政委商量事情。石部长见韩司令员的相没照成，就把镜头对准了炮兵司令员朱瑞。朱司令员正举着炮兵特有的又粗又长的双筒望远镜往火线扫视，石部长总算摄下了这个珍贵的镜头，还没等石部长放下照相机，朱瑞司令员就撂下望远镜，一把拉开石部长，上前对韩先楚司令和罗舜初政委说：

　　"我到前面去看看！"

　　"不行！"韩司令员和罗政委异口同声地说："现在打得正激烈，你不能去！"

　　朱司令员恳切地说：

　　"我去看看城墙有多厚，多少炮弹才能打透，这种城墙到底采取怎样的打法更好？看看刚才我们的着弹点还有些什么问题……"

　　韩司令和罗政委虽有所动，但仍摇头。

　　朱司令趁势拦住范昆源继续对韩司令和罗政委恳求说：

　　"不要担心我的安全，我和他们一起去。"

　　韩司令和罗政委拗不过他，又很理解他的心情，就再没吱声，算是默许了。

　　朱司令连忙向前线出发了。炮兵司令部的其他首长邱政委、匡副司令员、张副司令员等，见朱司令员要到前面去，也都跟了上来。

　　朱司令到前线观察的目的，是观察、研究炮兵打突破口的经验，以便在攻打锦州时更好地发挥炮兵的威力。

为了保证安全，缩小目标，他们分两路前进。范昆源和通讯员、电话员、警卫员靠东边走，朱司令员、邱政委、张副司令员和匡副司令员等首长靠西边走，从指挥所的大沟中，迅速进了交通壕，迎着纷飞的战火，继续分头前进，彼此不时地嘱咐着："注意，注意！"

他们走着走着，敌人一挺机枪忽又从城门旁边凶猛地扫射过来，大家急忙就地蹲下、卧倒。

朱司令员在卧倒时，惦记着身后的同志，他扭头往后一瞅，

在义县战斗中牺牲的东北军区炮兵司令部司令员朱瑞

发现身后紧靠自己的那个同志所在的地势较高，很危险，就一面招呼，一面侧身伸手去拉他到自己的位置上来，不料，身旁的一个地雷受到触动猛然轰响，朱司令员"呼的"飞起。

大家一齐呼唤着：

"朱司令员，朱司令员！"

但朱司令员再没有应声，10月1日13时17分他光荣的牺牲了，大家的泪水不禁潸然而下！

朱瑞司令员曾在苏联学习军事，担任过第一、第二方面军政治部主任，八路军第1纵队政治委员、中共中央山东分局书记、山东军政委员会书记、中共山东省委书记，在部队担任领导工作时，不仅打仗勇敢，身先士卒，屡建奇功，而且有智有谋，待人和气，爱兵如子。朱瑞是我军炮兵部队的重要缔造者

之一，他牺牲时才 43 岁，党和国家正需要他，这是多么大的损失啊！

中共中央在唁电中高度评价："朱瑞同志在中国人民解放军的炮兵建设中功勋卓著。"朱瑞是解放战争时期牺牲的我军最高级别的将领。

敌人守义县的这个师，不愧是个"精锐师"，负隅顽抗，在做最后的挣扎。但我军士气高昂，越杀越勇，以压倒一切的气势步步紧逼，再加上城中人民群众的支持配合，残敌走投无路，最后只好全部逃进了死胡同——大佛寺内，妄图凭借佛寺，继续顽抗。

这时，我军的大炮又一次"发言"了，一炮炸响在大佛寺的上空，轰掉了大佛寺屋顶的一个角儿。

随着这一声炮响，我 4 个师全部赶到，把大佛寺围得水泄不通，敌人一看头上有炮，周围被困，上天无路，入地无门，赖以挣扎的最后屏障也靠不住了，只好全部走出了大佛寺，举手投降。

仅用了 4 个小时，我军即全部结束了义县战斗，消灭敌 1

参加攻击锦州的炮兵部队已进入阵地

个师。

我攻打义县的部队，还没等清理完战场，就组成了先遣队，火速往锦州进发了，其他部队随后跟上。由于我们攻下了义县，打开了通道，其他由北开来的 5 个纵队和 1 个炮兵纵队、1 个坦克营，浩浩荡荡，通过义县，奔赴锦州战场。很快，锦州战役打响了。

二、肃清锦州外围

根据锦州国民党守军的防御配置和锦州地形条件，东北野战军总部于 10 月 4 日确定了如下攻城部署：

以第 2、第 3 纵队及第 6 纵队第 17 师，炮兵纵队主力，配属坦克 15 辆，组成北突击集团，由第 3 纵队司令员韩先楚、政治委员罗舜初统一指挥，从城北向南突击。

以第 7、第 9 纵队及配属的炮兵纵队一部组成南突击集团，由第 7 纵队司令员邓华、政治委员吴富善统一指挥，从城南向北突击。

以第 8 纵队及配属的第 1 纵队炮兵团组成东突击集团，从城东向西突击。

在战术指导思想方面，强调先吃软的，后敲硬的；对坚固建筑物依靠充分的准备和火力掩护夺取；要求充分运用义县战斗挖交通沟的经验，普遍做好土工作业，尽可能使进攻出发阵地逼近敌防御阵地。

辽西大地静悄悄的。

就在这沉睡的夜晚，我数路大军，精神抖擞，纪律严明，没有吸烟的火光，没有说话的声音，忘记了睡眠，也忘记了疲

劳，齐头并进，向锦州进发。不少人的脚被磨破了，后来修工事，手也磨破了；夜晚宿营，人多屋少，又不忍过分地去打扰老乡，一个班经常只能分到一铺炕，有时甚至要在街道上和场院的柴草垛里躲避风寒。这年的气候似乎又比往年要冷得早，大小凌河河面已经结了一层薄冰，"饮马渡秋水，水寒风似刀"，战士们卷起裤腿赤足过河，没有一个叫冷喊累的。他们心里头只有一个念头：快一点赶到预定战场，将杀敌的决心，化为实实在在的行动。

10月7日，各路大军云集锦州城外。

2纵队的任务是：5师担任突破锦州城垣的主攻任务，与3纵队协同从城北并肩突破，首先歼灭铁道以北和车站地区之敌，然后继续向纵深发展，分割歼灭该城守敌。6师和4师则主要担负肃清外围西北高地的守敌，为主攻部队开辟突击的道路。

2纵作战会议正在进行，刘震司令员强调指出：

"敌人在锦州外围设置了坚固据点，特别是在城西北高地，有外围据点中最大的支撑点——黑山团管区，易守难攻。团管区地域守敌为战斗力较强的敌93军暂编22师、18师。攻下十二亩地和合成燃料厂，团管区即暴露在我军面前，夺取团管区对我突破锦州至关重要。因此，4师打十二亩地和师管区，6师打合成燃料厂和黑山团管区，肃清城西北外围之敌。两个师都必须坚决按时攻下来，否则就要影响总攻，影响整个战役的胜利。"

正因为团管区十分重要，敌人才想到利用这一面盾牌，挡住我军的尖刀，特意从暂18师、22师抽出两个精锐营防守。敌人为了给士兵打气，特别打开仓库，提早发了棉衣，还把美国运来的饼干、香烟、罐头，破例地发给士兵。敌师长还亲自给

攻锦部队突破锦州守敌前沿工事

士兵写信打气："这是辽西会战的开始，咱们只要能把共军牵制住，等沈阳的援兵一到，就能把共军全部消灭。"

10月9日，我攻锦部队开始向外围据点发起攻击。首先是万炮齐轰，然后是步兵集团冲锋。

攻击锦州的战斗一天比一天激烈。国共双方军队阵地得而复失，失而复得。城内无坚固据点可守，敌军指挥所原设在锦州铁路局办公大楼住宅区内，在解放军猛烈的炮火下，通信设施不断遭到破坏，范汉杰不得不到锦州车站北面的小高地楼上继而又转到锦州铁路局办公大楼上的观测所去指挥，那里就成了解放军猛烈炮击的目标。同时，解放军炮兵集中火力向国民党军炮兵阵地及步兵阵地猛烈轰击，国民党士兵缩在壕沟里动也不敢动，各部队电话因炮击而中断，饭有时也送不上去，伤兵不能从战场上救护下来，阵亡的士兵也不能及时埋葬。敌人士气十分低落，锦州城内已成敌人黑暗的死胡同了。

10月12日，范汉杰又将锦州指挥所移至锦州车站南四大街中央银行楼下。敌第6兵团司令部也在南四大街的锦州邮局内，

相距只有二三十米，有坚固的地下室。敌空军锦州站对空联络电台也设在锦州指挥所的南边，距离很近。解放军炮兵集中最大的火力射击这些重要目标，命中锦州指挥所多处。可以说是范汉杰到哪里，解放军的炮火即跟到哪里，好像完全了解范汉

10月14日11时，攻锦各部队向城内发起总攻

杰的位置一样。

　　锦州城被解放军包围得更紧了，城内各据点、交通线，完全被解放军的炮兵控制着。解放军攻城部队在炮火的掩护下，昼夜不停地构筑蜘蛛网似的交通沟逼近守军阵地，用炸药爆炸守军坚固据点的重机枪堡垒阵地。锦州旧城西面化学合成工厂地段最先被突破。

　　10月13日10时，我军2纵队6师师长张竭诚命令16团发起攻占团管区的战斗。各种不同口径的炮口，都一齐指向敌阵地。一阵炮火的怒吼声过后，火光立即吞没了敌营，大地在脚下颤抖，接着，步枪、机枪也像爆豆一般响起来了。

　　这时，敌前沿阵地的工事已大部分被我炮火摧毁，3营立即发起冲击。尖刀连8连的勇士们在我炮火的掩护下，沿着交通壕

迅速接近了敌人，2、3排的爆破手像小老虎似的冲上前去连续炸开了两个突破口，猛烈的射击尚未停止，1排的战士们便扔出了十几颗手榴弹，爬上了外壕。当前沿敌人发觉时，十几把刺刀已指到他们的鼻子尖上，敌人只好乖乖地放下武器成了俘虏。接着，1排迅猛地向敌纵深打去。当部队占领第一栋房子时，敌人1个排在轻重机枪和手榴弹的掩护下冲了过来，3排1个战斗小组立即从侧面冲杀过去，他们先扔出一束手榴弹，巨响之后，敌人惊慌失措，乱作一团，来不及拖走轻重机枪就溃散了。8连乘胜追击，抢占了第二栋房子，敌人由房子两侧夹击过来，1排战士凭借门窗掩护勇敢还击。

这时，16团的干部战士已有不少伤亡。班长挂彩了，战斗组长鼓励大家说："沉住气，跟我来，给班长报仇啊！"于是不等残敌组织抗击，就灵活地绕到敌人地堡后面，开始喊话：

"枪是老蒋的，命是自己的，解放军优待俘虏！"

敌人穷途末路，不得不走出来缴枪投降了。

就这样，8连连续打退了敌人6次反冲锋，先后占领了4栋房子，打死、打伤、俘敌230余名，缴获轻重机枪12挺，战后师部授予他们"攻无不克"的锦旗。

经过激烈战斗和反复争夺，到13日，北突击集团攻占了城西北的合成燃料厂，城北的配水池、亮马山、黑山团管区等据点；南突击集团攻占了炮台山、罕王殿南山、老爷庙东山，前出至女儿河北岸；东突击集团攻占了小紫荆山、百官屯、北大营，逼近东关。至此，东北野战军控制了锦州外围有利地带，锦州城区已处于攻锦部队控制之下。

攻进锦州城内的东北野战部队大胆穿插歼灭敌人

三、彰武斗法

针对沈阳敌军可能增援锦州的情况，军委、东北野战军总司令部（以下简称东总）的基本意图是坚决攻锦州，并准备歼灭由沈阳增援锦州之敌于大凌河以北地区。10月3日上午，东总电令5纵队迅速、隐蔽地经通江口、法库向彰武开进，与6纵队（缺第17师）、10纵队及1纵队3师共同阻击廖耀湘兵团西进，确保攻锦州部队的侧翼安全。并指示5纵队采取运动防御、节节阻击的战法，既迟滞敌人前进，又防止敌人缩回沈阳，防御时间必须坚持到我主力攻克锦州之后。防御地段的划分为：10纵队和1纵队3师在新民以西一线，担任正面抗击；5纵队和6纵队负责彰武以东、以北、以西一线的防御，从侧面钳制敌人。如敌以主力指向彰武，则坚决拖住敌人，使敌人既不能增援锦州，又不能回缩新民、沈阳。当时，6纵队正从千里之遥的

长春外围赶来，一时尚不能到达指定位置。5纵队将单独在彰武一带阻敌。

为了完成东总交给的这一任务，受命的当天中午，5纵队即在昌图车站以西的十八家子召开了纵队党委扩大会。会议由刘兴元政委主持，万毅司令员在会上首先传达了东总的命令，阐述了纵队领导的决心。大家根据任务、敌情、我情、地形等进行了分析研究，一致认为：先敌控制彰武，扭住敌人，使其援锦计划落空，牵一发而动全身，这关系到整个战局的重任，一定要完成好。

会后，为了争取时间，部队边行进边动员。各级领导分头深入部队，一路上宣传教育工作搞得热火朝天，干部战士听说有仗打，个个摩拳擦掌，跃跃欲试，准备和敌人大干一场。

10月8日，廖耀湘以新3军、新6军和骑兵一部，自新民、公主屯地区分数路向北齐头并进，新1军随后跟进，企图迂回彰武。

为抢在敌人前面到达彰武地区，5纵队指战员们不顾阴雨连绵、道路泥泞，日夜兼程，以最快的速度前进。

10月9日6时左右，各师分别到达秀水河子、叶茂台，彰武台门、沙坨子及其以北地区。这里是敌人自新开河以东迂回彰武的必经之路，地形平坦，有公路相互连接，树木、丛林较多。

部队进入阵地后，抓紧时间构筑工事，整个阵地上呈现出一片紧张忙碌的景象。

上午9时许，浓雾逐渐散去，薄雾仍在旷野飘逸，视线尚不清晰。5纵队以彰武为中心的阻击战，拉开了序幕。我军的工事还没修好，敌人的先头部队就出现了。敌新6军新编第22师的

先头 1 个营，正从高荒地沿薄坨子向叶茂台、头台子搜索前进。待敌大部分钻进我军布好的"口袋"后，我军 1 颗红色信号弹腾空而起，部队从两侧往里一阵猛打，把敌人赶进了袋形阵地。接着，我前后左右四面夹击，各种武器一齐开火，打得敌人晕头转向，残敌抱头鼠窜。将敌击溃后，2 营撤至头台子加强 1 营阵地。

这时，敌人后续部队已到，向我阵地发起猛烈攻击。首先，空中飞来两架敌机，轮番向我 5 纵队 15 师阵地猛烈扫射。紧接着敌炮火也开始轰击，压得指战员们抬不起头来。乘着烟幕，敌一队骑兵朝我秀水河子至叶茂台一线阵地扑来，这里是 5 纵队 44 团防的御阵地。该团待敌前进至距我军只有 100 米左右时，才命令所有的轻重武器突然一齐开火，顿时打得敌军人仰马翻。

11 时，敌新编第 22 师倾巢出动，3 个团同时向我叶茂台、榛子街、杨家窝棚一带阵地进攻。当敌进至我前沿阵地时，我军各种火器一齐开火，打得敌人尸横遍野，潮水般地退了下去。

同一天，敌 54 师 1 个团，向彰武台门我 13 师 38 团 1 营阵地发起攻击。战斗于 9 时 30 分打响。我军与敌激战两小时，终因敌我力量悬殊，阵地被敌人攻破。该营撤到村里，利用民房、断墙、沟壕等地物，构成环形防御，顽强据守。敌人从四面包围，几次冲入村内，均被击退。这时，1 营的弹药已经消耗殆尽，战士们就到敌尸堆里收捡弹药补充自己。就这样，他们顽强坚持，一次次地打退了敌人的冲锋。

5 纵队与敌鏖战一天，初步完成了阻击任务。

为不使敌感到压力过大而缩回沈阳，当晚，纵队命令 13 师、15 师撤出阵地，到新开河西岸布防。14 师在彰武县周围继续阻击敌人，掩护 13 师、15 师渡河布防和彰武地区人员物资的

转移。

好一个斗法斗计!

10日早晨,晴空万里,敌机在空中盘旋侦察。

10时许,敌50师、54师在5架飞机、10辆坦克的配合掩护下,向我14师阵地推进。先是炮火轰击,随后是步兵在坦克掩护下,成两路纵队从四方城东侧向我40团阵地迅猛冲击过来。

我40团立即组织担任正面阻击的2营成立爆破组,火速炸掉敌坦克。2营4连副连长邓日忠抱起炸药包,带6名战士冲了上去,随着"轰隆"的爆炸声,敌人前头的两辆坦克燃烧起来,其余的坦克立即停止前进,集中用机枪向我爆破组扫射,邓日忠等7位同志全部壮烈牺牲。敌坦克怕再吃亏,掉头回窜,改由步兵冲击。我指战员高呼为烈士复仇的口号,把仇恨凝聚在枪口上,以猛烈的火力把敌人打得纷纷溃逃。

这一天,战斗持续了8个多小时,我14师先后打退敌人10次冲锋。敌人在飞机、大炮、坦克配合下的进攻被我阻止了。入夜,5纵队命令14师撤出阵地,过河后炸毁桥梁,转移到河西阵地。

5纵队在新开河西岸的布防区,处于新开河至绕阳河之间,纵深约15公里。两条并行的河流成为我军布防的天然屏障。此处大部分为丘陵地带,有一些小灌木丛,地形较河东有利。有郑家屯至锦州的斜贯铁路,有彰武至锦州、阜新、库伦的几条公路干线,交通便利,是敌人断我交通、向锦州方向增援必须攻占的目标。我5纵队利用新开河的防御阵地,在北至王花窝棚、南至团山子正面宽达30多千米的一线上阻敌进犯。

10月11日,敌新3军进占彰武。尽管是一座空城,但国民党南京中央广播电台却大吹大擂,说什么:"国军进展神速。击

溃共军主力，占领战略要点彰武，切断了共军的后方补给线。"廖耀湘也志得意满，邀请卫立煌等人从新民专程到彰武视察，给其官兵鼓气，其实，我军早已在内蒙古地区开辟了第二条补给线。

对于我军主动放弃彰武的做法，毛泽东主席在给东总的电报中作了肯定：只要不怕切断补给线，让敌进占彰武并非不利，目前数日你们可以不受沈阳援敌威胁，待锦州打得激烈时，彰武方面之敌回头援锦，但已失去时间。

事实证明了毛泽东的高瞻远瞩。

从表面上看，敌人占领彰武，似乎达到了预期目的，但实际上却反背上了一个包袱。东总的目的是迟滞敌人西进，又不使其缩回沈阳，并不计较一城一地之得失。

10月11日13时，敌新1军搜索营在赵家窝棚以东偷渡新开河，并向赵家窝棚方向侦察搜索。我14师发现该敌是孤军深入，便决定将其消灭，把这一任务交给了41团。41团接受任务后，立即向1、2营作了布置。

我军部署刚刚就绪，敌人进至我41团2连、5连阵地前沿开阔区。1营营长黄万德对身旁的4名机枪手喊了一声："打!"顿时，一片飞蝗般的子弹飞向敌人。3、4连抓紧时机从左右两侧冲了出去，1、6连也迅速插向河滩，切断了敌人的退路。敌在我四面合力夹击下，全部被歼。战斗从开始至结束，前后只用了1小时。

10月13日8时，敌第54师在新开河被毁的河桥处，不顾我炮火拦阻，开始架设浮桥，准备强渡。河西岸平坦开阔，距河边约500米处，有一座呈南北走向的小山，名叫高台山，山高175.4米，面积约1.5平方千米，因山顶有烽火台而得名。高台

ZHONGWAIZHANZHENGCHUANQICONGSHU

山正面可鸟瞰整个渡口，右前方可控制铁路和公路，是5纵队防御的主要阵地，43团在山上构筑了环形防御工事。我43团抓住敌炮火暂停的间隙，便用20多门山炮、迫击炮、六〇炮一齐开火。

弹群呼啸着飞向敌人。随即，河面水柱冲天，浮桥被拦腰炸断，桥上敌人跌进河里，桥头敌人乱作一团，迫使敌军不得不停止渡河，再次用飞机和炮火轰击我军阵地，压制我火力，并施放烟幕遮挡我军视线，以掩护抢修浮桥，再次实行强渡。

10时许，敌约两个团的兵力，在炮火的掩护下，渡过新开河向高台山扑来。我15师王师长令坚守高台山左侧马丈房的44团主力、高台山右侧的45团主力从两翼出击，对进攻高台山之敌实行迂回包围，迅速对敌形成了马蹄形的包围态势。

在我两翼部队的压力下，敌被迫撤退。43团指战员抓住有利战机，发起反冲击，敌人纷纷向河东溃逃。

此时，6纵队16师赶到彰武以西地区，5纵已无后顾之忧，可腾出有生力量，加强彰武以南一线对敌正面阻击，缩短与10纵队间的防线，巩固我侧后方。

敌人企图从彰武西渡的计划破产后，重新选择了渡口，利用我5纵队右翼与第10纵队左翼之间的空隙地带，从大四台子至温家平房一线，集结大量兵力，渡过新开河，黄昏之前占领了大三家子、东炮台子、周坨子等地。由此，往西可越过绕阳河进入我纵队深，往北可迂回5纵队防御阵地侧后，对我构成严重威胁。5纵队将敌情急电报告东总，总部首长当即回电，令5纵队配合10纵队连夜向敌实施反击。

10月14日凌晨1时，37团对东炮台子敌87师1个团发起突然袭击。与此同时，我39团也向周坨子之敌新30师1个团发

起突然攻击。这次反击，虽未予敌以重创，但却使敌不敢再轻易冒进。

由于我东北野战军主力部队已向锦州发起了总攻，敌廖耀湘兵团在蒋介石的催逼下，于15日6时开始，从正面和右翼同时向我军攻击。敌人在飞机、大炮的掩护下，成营、成团地向我进行集团冲击。5纵队上下一心，不惜一切代价阻敌西进援锦州，保障主力攻锦州胜利。

敌廖耀湘兵团进攻重点是我高台山阵地。守卫高台山的43团指战员，以顽强的作风，1日内击退敌第50师的10次进攻。18时，锦州传来捷报，我军经31小时激烈战斗，已攻克锦州，歼敌10万余人。18时，5纵队接到命令，转移让出新开河西岸阵地，到绕阳河一带待命。

10月16日凌晨，小雨夹着雪花飘飘洒洒落了下来，尚未穿上棉衣的战士，冒着寒风的侵袭，坚守在阵地上。6时许，敌14师1个团，利用黎明前的昏暗由大申金花南下偷偷渡过绕阳河，企图袭击我第39团1营阵地。1营坚守河滩一线阵地的2连，等敌涉水至河中心时，连长韩克发一声令下，战士们突然开火，打得敌人纷纷栽倒在河里。

12时，敌14师主力分别向我38团阵地八大王庙、苏河营子发起攻击。敌人渡河时，虽然在滩头遭我部队杀伤，但在其强大炮火掩护下，终于强行渡河，并以重兵夺占了我八大王庙前沿阵地，接着向村内发起进攻。我38团2营随即与敌展开逐院逐屋的争夺战，一部分敌人企图从东二道河子迂回我苏河营子阵地，遭到3营的顽强阻击。在敌我双方相持不下的情况下，我38团及时组织1营投入战斗，配合2、3营将敌击退并逐过河去。

10月19日，5纵队奉命转移阜新地区待命。

在彰武、新立屯历时10天的阻击战中，5纵队、6纵队采用"纠缠扭打"和"运动防御"的战法，英勇阻击，打得十分顽强。5纵队共进行较大战斗25次，毙伤敌2854名，俘敌134名，迫敌每日前进速度不逾5千米。6纵队16师对敌即打即离，选择有利时机，积极勇猛出击，大量杀伤了敌人的有生力量。与此同时，10纵队和1纵队3师在黑山一线，挡住了敌第71军、新1军等部的南进。我各纵队协力作战，成功地迟滞了敌人西进、南下，并拖住了敌人，粉碎了敌人西进兵团援锦和诱逼我攻锦部队回援此线的企图，保障了锦州战役的胜利。

四、"攻坚老虎"再攻坚

一列闷罐火车由四平出发，经郑家屯转头向南，日夜不停地疾驶在战火纷飞的辽西平原上。

路基年久失修，车身颠簸得十分厉害，像坐着马车走在石子路上一样，但欢声笑语却充满了车厢。

一个战士说："我真弄不明白，说的是练好兵，打长春，为啥一股劲儿朝南开？"

另一个战士说："你呀，'擀面杖吹火——一窍不通'，这是一计！"

一个战士又说："什么计？"

另一个战士又说："毛主席的锦囊妙计！来个大歼灭战！"

我6纵队17师在星夜赶往锦州，参加锦州战役。

列车疾驶，师长龙书金心急如焚，深怕去晚了捞不着仗打。赶到离锦州东北不远的大兴庄时，已是10月初了。指战员们都

国民党军在锦州外围设置的铁丝网和碉堡

急切地盼着打仗，特别是看到参战的 2、3、7、8、9 等纵队，经十来天战斗，已经肃清了锦州外围的敌人，更担心没有自己的份了。

龙书金赶忙用电台和总部联系，刘亚楼参谋长命令 17 师为攻城总预备队，归 3 纵队指挥。这就是说打锦州还可能有 17 师的份。

怀着兴奋的心情，龙书金当天就去见 3 纵队首长要求具体任务。在一间简陋的民房里，龙书金见到了韩先楚司令员，从他

那熬红的双眼可以看出，兄弟部队在外围战斗中打得够艰苦的。韩司令员只寒暄了几句，就指着墙上的地图对龙书金说：

"敌'剿总'锦州指挥所和兵团司令部之间的铁路局，是锦州的心脏。待一打开突破口，你们这只攻坚老虎就要不顾一切地猛扑进去，把它掐住！"

他坚定的语气和有力的手势，给了龙书金极大的感染，使龙书金充满了对胜利的信心。领受这样的任务，17 师已经不是第一次了。在四平攻坚战中，17 师就是完成了这样的任务，获得了"攻坚老虎"的光荣称号。

10 月 14 日清晨，总攻前的炮击开始了。我炮兵纵队集中500 门大炮向城内各固定目标猛烈轰击，锦州城顿时陷于硝烟火海中，一座座碉堡被轰得粉碎。轰击了足足 1 小时 30 分后，炮声刚停，漫山遍野千百把冲锋号一齐吹响，山鸣谷应，向攻城部队发出了冲锋的命令。战士们一声吼叫跃出交通壕，向突破口冲去。

14 日 11 时，南、北两个突击集团在炮火掩护和坦克支援下，全线发起猛烈冲击。迅速突破城垣之后，北集团第 2 纵队沿惠安街、良安街插入，3 纵队主力由伪省公署东侧越墙入城，6 纵队 17 师也从康德街、大同街相继突入市区。南集团第 7、第 9 两纵队涉过小凌河，同时突破锦州南面城防，然后向市区纵深攻击。随后，东集团 8 纵队等部也突入城内。各部队进城后与敌展开激烈的巷战。我军采取穿插分割、迂回包围等战术，首先将城区守军插乱、割裂，后续部队则在炮火、坦克的掩护下，以火力、爆破、突击相结合的攻坚战术对固守据点之敌实施攻击。广大指战员不顾敌机疯狂轰炸扫射和守敌的拼命抵抗，英勇冲杀，攻克一个又一个碉堡，打退敌人一次又一次反击，充

分显示了人民军队不怕牺牲、一往无前的英雄本色。

这时，龙书金正站在韩司令员的指挥所里，看到3纵队潮水般地向前涌去，兴奋地请示道："突破口撕开了，首长，我回去叫部队上吧！"

得到允许后，龙书金一口气跑回师临时指挥所。参谋长告诉他：因突破口太窄，部队过于拥挤，我49团团长赵浩然指挥部队机动地绕到小北门一带冲进去了。

龙书金想：好呀！赵浩然，真有两下子！于是，立即打电话通知50、51团，让他们紧紧跟上。放下电话筒，龙书金就带着警卫连和一台步话机往东追去。这时，太阳已经落到城西，附近除了我军几个伤员和敌人尸体外，已经没有了人影，只听见忽疏忽密的枪声不断从城内传来。

因为摸不清情况，龙书金便在城门附近一个碉堡里安下了临时指挥所。

他正急于知道部队的去向，耳机里忽然传来49团的呼叫。一联系，知道他们的突击部队3营，甩开了城北神社之敌，已逼近了铁道沿线。龙书金兴奋地命令他们迅速通过铁道，向纵深插入，为后续部队打开通道。

在3营通过铁道的同时，包围神社的1营3连，在"全胜连"7连的配合下，一举拿下了忠灵塔。忠灵塔西侧，隔一道深沟和一道铁丝网，便是神社的核心工事。由于求胜心切，两个连都没有组织好，就开始出击，哪知这里正是一颗硬钉子，部队突击了1个多小时也没有冲上去。7连长火了，亲自率领两个班，在全连火力掩护下，朝前冲去。刚冲到一堵土墙跟前，又被藏在铁丝网内的一群暗堡挡住了，凶恶的火舌贴着地皮滚过来，部队一步也前进不了。

7连长立即命令：

"崩掉它！"

话音未落，爆破英雄刘万成挟着一根爆破筒，已经从侧面向上窜去。敌人机枪"嘎嘎"地叫着，一条条火舌飞向他的周围，火光弹雨中，他箭一般地扑向敌阵。谁知就在离铁丝网不远的地方，他忽然倒下了。连长正想叫第二名爆破手上去时，刘万成忽然又从地上爬起，迅速地把爆破筒挂在了铁丝网上。原来这是他向敌人施的一计。可是爆破筒冒了半天烟哑巴了。刘万成气得两眼冒火，扔掉棉衣，又从另一爆破员手中夺过一根爆破筒，光着膀子跑上去。敌人被他这个举动吓傻了眼，他们哪曾见过这样英勇的战士，就这样瞪着眼让刘万成送上了第二根爆破筒。等敌人刚清醒过来，两声巨响，铁丝网已被崩掉一大片。趁着浓烟，刘万成和另一个爆破员又炸了几个地堡，打开了冲锋道路。

胜利的消息不断传到东总，东总发来电报嘉奖各部队。

东总的嘉奖令传达下去之后，战士们炽热的战斗情绪烧得更旺，部队以更大的劲头不断往前推进。10月14日24时，17师预备队51团1营上去了。这支生力军早已按捺不住，像脱缰的马，离弦的箭，迅速向敌人纵深插去。只两个小时，就攻克了"剿总"锦州指挥所附近的纺织厂和被服厂，迫使敌东北"剿总"副总司令兼锦州指挥所主任范汉杰急忙龟缩到锦州老城，躲了起来。

一丝晨光从地堡的枪眼里射了进来，天亮了，枪炮声也不似夜间那样清脆明晰。

龙书金刚想钻出碉堡呼吸一口新鲜空气，忽然，警卫员跑进来喊："首长，敌人黑压压的一片，像是包围上来了！"

夜间展开巷战

　　龙书金心里一惊："敌人已被我们打得土崩瓦解，穷于应付，怎能在这里组织反扑呢？"

　　于是，急忙跑出碉堡一看，嗬！乌七八糟一大片，有的光着脑袋，有的腿上拖着绑带，还有的提着抢来的花布包袱，一个个蓬头垢面，狼狈不堪地蜂拥而来，哪像个战士的样子？龙书金马上命令警卫连、通信班全部出动抓俘虏。他们大声喊着："抓俘虏去！抓俘虏去！"冲着敌人压过去。吓破了胆的敌人以为是我预先埋伏的阻击部队，纷纷跪下缴枪，清点人数，足有300多个。

　　这些家伙是哪里来的呢？原来，我51团1营在直捣敌"剿总"指挥所的同时，2、3营即向东北角上铁路机关的敌暂18师攻击。7连战士王照山领受了营长要他给9连送炸药的任务，他高兴得扛起炸药就跑。到了9连阵地一看，只见地堡、碉堡里敌人火力像喷壶洒水似的喷着，9连因没有了炸药，战士们干瞪眼上不去。这时他也不管自己的任务只是送炸药，提高嗓门向9连战士们喊道："同志们，打个掩护，我去干掉它！"一边喊着，

东北野战军某部占领锦州飞机场时缴获的飞机

国民党军锦州指挥所旧址

一边挟起 20 多斤重的炸药包，跳跃着向一座大碉堡冲去，把碉堡炸开了一个大窟窿。王照山蹲在交通沟里，等着部队冲上来，谁知敌人组织了反击，数不清的敌人从他头上跳过去，不一会儿又跳回来。他后悔没有炸掉敌堡，又着急没有机会爬回阵地，只得耐着性子，趴在沟里等时机。

天色乍亮，王照山悄悄爬起来一看，离他五六米远就是敌人的一座地堡，门正对着他，里面还在叽叽咕咕说话。他忽然发现一具敌人的尸体下面压着一颗手榴弹，抓起就甩进了地堡，趁着爆炸后的一阵烟雾冲到跟前，大喝一声："缴枪不杀！"敌人以为我大部队冲上来了，乖乖地把武器一一扔了出来。就在敌人慌乱的时候，我们的部队冲了上去，歼灭守敌千余人。溃乱了的敌人，纷纷越城逃跑，跑到东大营的一大股，被50团3营配合8纵队一部追上去彻底解决了，另一股就窜到17师指挥所来了。

49团在拔掉神社和铁路局这两颗钉子以后，迫使敌暂55师大部分缴械投降。接着又配合兄弟兵团将敌88师歼灭无余。51团也于早晨6时30分，与兄弟团并肩攻占了敌兵团司令部。至此，东总交给17师的任务，以歼敌3.6万余人的战果完成了。

五、活捉锦州敌统帅

范汉杰判断解放军已经进行全面总攻击。鉴于形势不利，难以维持下去，廖耀湘、侯镜如两兵团的援锦又无望，乃于10月14日下午4时许与参谋长李汝和到第6兵团中将司令卢浚泉指挥所与卢及第93军军长盛家兴、炮兵指挥官黄永安等开会商议对策。

范汉杰此时十分沮丧，分析形势说："侯镜如、廖耀湘兵团毫无进展，分别被阻止于塔山和新立屯地区，共军现已集中全力来歼灭锦州守军，然后才去同侯、廖两兵团决战。而锦州守军连日战斗伤亡过大，市区又无坚固阵地可守，外援无望，只有待毙。"

东北野战军某部占领老城东门，锦州全部解放

说毕，范汉杰叹了一口气，又问道：

"我们下一步怎么办？"

此时，松山被解放军突破后，原在小凌河西岸一带（松山东）担任沿河警戒的敌军暂55师后撤到飞机场附近，接替暂18师的任务，而将暂18师加入北面作战。盛家兴与暂18师尚能用无线电通话，还可抽调一部分部队作为掩护部队。卢浚泉、盛家兴等人一致主张当晚向锦西突围，并决定由李汝和、盛家兴、黄永安拟定突围计划，并负责通知各部队，突围时归盛家兴指挥。计划以暂18师为先头部队，并由暂18师转告邻近部队准备

行动。撤退时北面部队先向北猛攻，掩护突围部队从东门附近渡过小凌河（女儿河可徒涉），经南山农场附近向高桥、塔山与

东北野战军坦克分队配合步兵攻击敌指挥所

陈家屯之间突击，准备与从锦西向塔山攻击的部队会合。

当日黄昏，敌人即按计划开始行动。范汉杰同卢浚泉、李汝和带着特务团一部，从兵团司令部北面坑道向东门移动。他们刚离开司令部就被突入南市区的解放军所发觉，受到火力阻击，以致后续部队未能跟上。越过南山农场后，不断碰到解放军部队从东面多处渡过小凌河向西行动。这时卢浚泉、李汝和分向西面寻找部队，两人已经走散。

范汉杰在松山东面山地也找不着部队。附近村庄驻满了解放军，锦州市内彻夜火光冲天，爆炸声彻夜不停。天亮前，范汉杰在松山东面一间小小的窝棚内住下，昼伏夜行。到了10月15日18时，锦州已完全被解放军占领，市区大火还在燃烧，仍有断断续续的枪声。当市外松山各乡村的解放军向城内和向西移动时，国民党空军飞机飞到锦州上空，多次用烟幕作信号，打圆圈后向南直飞，示意锦州守军向南（锦西方向）突围。

下午 4 时许，范汉杰带着副官等人经松山向塔山陈家屯之间的山地小道走去。

10 月 16 日上午，在锦州东南 20 多里的谷家窝棚东南面的小道上，走来了 4 个穿黑衣裳的中年人，三男一女。其中一个大高个儿，头戴烂毡帽，穿一条露棉花的破棉袄，一条很不合身的小棉裤，肩上披一条破麻袋，手里拿着一个萝卜在啃着。

这时候，解放军某部处理俘虏的机关正驻扎在这个村子。工作人员马上盘问起这四个行迹可疑的人。那个女人说话是广东口音，屡次三番地抢着回话。另两个男的装成很累的样子，唉声叹气地摇着头。大高个儿说话声音很小，他说他是沈阳一家钟表店记账的，从沈阳逃难出来，准备回老家福建去。他老是把破毡帽往下拉，遮住半个脸，避开人们的视线。但是他那很不自然的装束和举动，两只白白的手和一口白白的牙齿，以及纵然小声说话也能听得出来的广东口音，都给这位所谓"沈阳难民"的身份画下一个问号。

当盘问他们 4 人是什么关系的时候，大高个儿说不清道不明，停了一会儿才不得不说：

"我没话可谈，你们枪毙我吧！"

于是，4 人被看押起来。在进行审讯时，他们答话漏洞百出，女的乱说一通，另两个自供是"尉官文书"和"勤务兵"。大高个儿什么也不说。可是，当解放军的卫生员给他擦伤了的指头上药时，他却很认真地说：

"擦些酒精吧，恐怕会得破伤风。"

第二天早晨，那个自供是"尉官文书"的，对看守他们的战士说，他有一件事要告诉审讯人员。当审讯人员接见他时，他连声说：

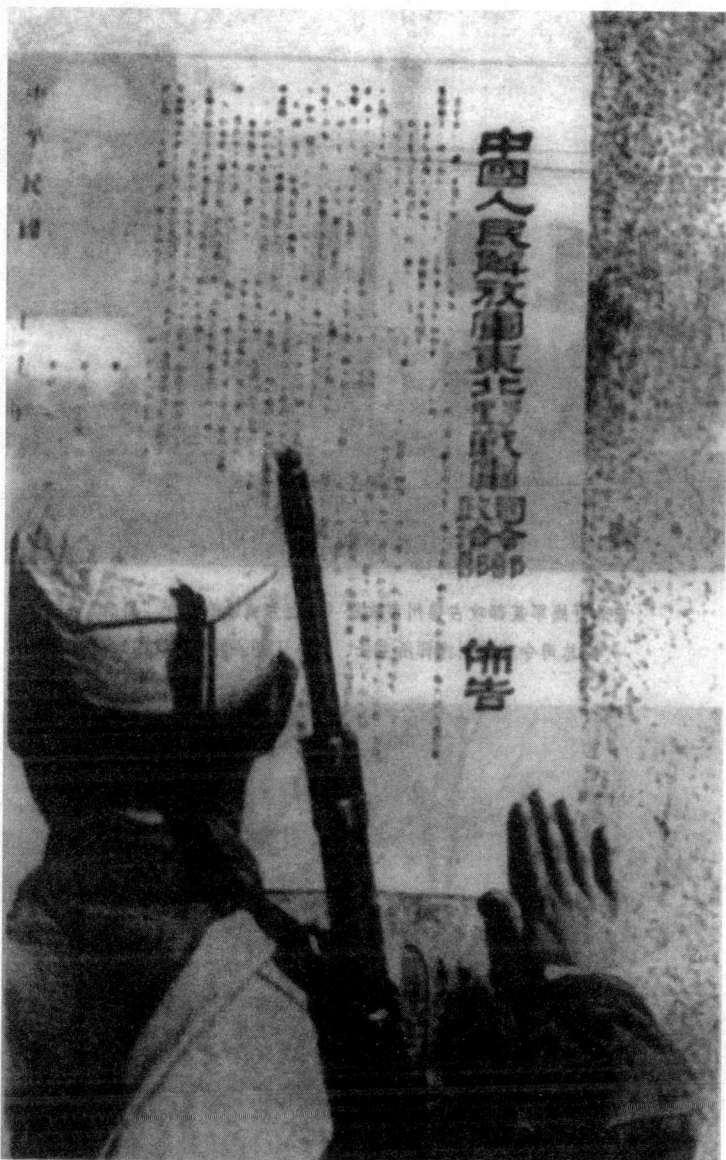

锦州解放后，东北野战军某部战士在城内张贴布告，宣传共产党、解放军的政策

东北野战军某部攻占锦州市政府（右上为被俘的东北"剿总"副总司令兼锦州指挥所主任、冀热辽边区司令范汉杰）

国民党第17兵团司令部旧址（现为锦西中学校舍）

"对不起，对不起，经过你们多次地解释俘虏政策，我还没说实话。我就是范汉杰的侍从副官，那大高个儿就是范汉杰。"

"范汉杰，广东人，42岁，大高个子，脸黑秃头。"——这是我锦州前线部队记熟了的形象，他怎能逃出人民的天罗地网呢！

至此，守锦州的国民党军全部被歼，无一漏网。范汉杰和边区副司令官兼辽西行署主任贺奎、第6兵团司令官卢浚泉、副司令官杨宏光，第93军军长盛家兴，师长景阳、李长雄、黄文微等均被生俘。

六、塔山阻击战创奇迹

1948年9月12日，辽沈战役在北宁线揭开战幕。当时，4纵队接到东北野战军总部的命令，立即从鞍山、台安地区出发。第10师经黑山、北镇，第11师经盘山、沟帮子，第12师经大虎山、闾驿站、松林堡，以急行军速度，直插北宁线。9月15日，协同第9纵队突然包围了锦北重镇义县。随后奉命将攻城任务移交给第2、第3纵队和炮兵纵队一部，继续挥师南下，攻月亮山，克碴子山，切断了兴（城）、锦（西）、葫（芦岛）敌之联系。9月29日攻占兴城并全歼守敌。与此同时，第2兵团指挥第11纵队与冀察热辽独立第4、第6、第8师和骑兵师，分别出冀东，攻占昌黎、滦县沿线，打下绥中县城。至此，东北野战军切断了北宁线，初步完成了毛泽东关于"切断华北与东北敌人联系"的部署。

10月4日，4纵队正在兴城附近，利用战斗间隙，召开全纵队第二届士兵代表大会，总结战斗经验，表彰功臣、模范，准

东北野战军某部攻占国民党军第 6 兵团司令部
（右上为被俘的第 6 兵团司令官卢浚泉）

东北野战军某部攻占兴城

备进军山海关时，忽接上级急电，命令 4 纵队立即回师，在塔山、高桥地区布防，与第 11 纵队及冀察热辽独立第 4、第 6、第 8 师，统归第 2 兵团指挥，阻击锦西、葫芦岛增援锦州的敌人。要求 4 纵队坚守阵地，争取 1 周至 10 天的时间，掩护野战军主力攻取锦州，全歼守敌。

经过一番研究，4 纵队定下了初步决心。一面命令第 12 师星夜出发，以迅速秘密的动作，占领塔山一线，掩护纵队主力进入防御地区；一面通知第 10、第 11 师的领导立即来纵队受领任务。纵队参谋长李福泽负责具体布置。

东北野战军第2兵团某部占领昌黎

在师以上干部会上，4纵队吴克华司令员传达了上级的命令、纵队的决心和部署。吴克华和政委莫文骅特别强调搞好政治动员。莫文骅指出：

"塔山阻击战具有重

锦州战役中被俘的国民党军部之一

大意义。辽沈战役是解放全东北的最后一战，能不能全歼东北敌人，关键在于能不能打下锦州。锦州能不能攻克，关键又在于塔山，就看我们能不能把援锦之敌堵住，为攻锦部队争取时间。要树立坚强的全局观念，我们这一仗，不以俘获多少来计算胜利，只要守住塔山，保障主力攻下锦州，不论付出多大牺牲，都是值得的。塔山阻

担任阻击国民党军"东进兵团"任务的东北野战军某部在阵地上进行战斗动员

击战，必将是一场十分激烈、十分残酷的争夺战，并不比攻城任务轻，而是更加艰巨的任务。敌人为解锦州之危，必将依仗其优势兵力和现代化装备，猛烈进攻，拼死增援。我们必须死守阵地，一步不退，要准备打硬仗、打恶仗，几天几夜不睡觉，苦熬苦斗，硬打硬拼，使敌人不能前进一步。各级要开好政工会，迅速把上级指示和纵队的任务传达到全体指战员，打好这一仗，为人民立功！"

会议结束时，各师干部心情激动，纷纷要求承担最艰巨的战斗任务。

10月6日，纵队率主力出发。任务一传达，道理一讲明，部队十分兴奋，大步流星，兼程赶路。

6、7日晚，部队分别进入指定位置，指战员们不顾行军的疲劳，立即开始勘察地形，抢修工事。寒露时节，西风劲吹，

冷气袭人，干部战士身着单衣，仍干得满头大汗。当地老百姓闻讯后，纷纷赶来，主动帮助抢修工事。12师政委潘寿才，同第34团焦玉山团长、江民风政委等一起，带头抬铁轨、扛枕木，干得满身汗水。全军上下，一个信念，筑成打不烂、攻不动的堡垒，叫敌人有来无回！

8日晨，吴司令员和纵队几位负责同志，率师、团干部察看前沿地形。远远望去，前沿一线阵地，东临渤海，西依虹螺山，正面宽12千米。阵地距锦西敌人前沿远的不过1000米，最近的只有几十米，距锦州敌人也不过15公里。南面大小东山、影壁山一带高地，敌人筑有坚固工事，配置有各种火炮，居高临下，以火力控制我塔山一线。塔山堡是个小火车站，从塔山堡至纵深高桥，地势平坦，无险可守，只能依托村落、小高地和隘口进行防御。我军面临的敌人多半是国民党军中战斗力较强的部队，尤其是后来从华北调来的号称"赵子龙师"的独立第95师，更是敌人的"王牌"，自吹"没有丢过一挺机枪"，作战野蛮剽悍，战斗力强。敌人不仅兵力3倍于我，而且有空军、海军的支援配合。

很明显，4纵队的任务是十分艰巨的。

8日晚上，浓云密布，大雨倾盆，指战员冒着大雨继续抢修工事。随后，各师、团举行了庄严隆重的阵地宣誓。

12师师长江燮元、政委潘寿才当着指战员的面，指着自己的位置向党宣誓：

"我的阵地就在这里，绝不后退一步！"

各师师长、各团团长和政委以及营、连干部，都分别在阵地上向党宣誓：

"誓与战士同生死共患难，死守阵地，寸土不失！"

领导的铿锵誓言，极大地鼓舞了指战员的豪情壮志。

东北野战军炮兵某部在塔山地区严阵以待，阻击进犯之敌

"死守阵地，杀敌立功！"

"打好这一仗，挂毛泽东奖章！"

激昂的口号，此起彼伏，响彻阵地上空。

4纵队指挥所里，忙碌异常。几部电话同时响起。参谋们捂着一只耳朵，蹲在角落里大声地和对方讲话，有的盯着地图，随时标上新的情况。为加强阻击的指挥力度，东总派来的司令部作战处长苏静也忙碌在指挥所里。根据上级通报和侦察所得情报，敌人企图乘我工事尚未完备之际，于10日拂晓发动进攻，企图一举突破我防御，拿下塔山，增援锦州。

恶战将临，我全体指战员严阵以待，警惕地注视着敌人的动向。

10日凌晨，天灰蒙蒙一片。果然，我军的工事还没有完全修好，敌人就开始了进攻。

莫文骅政委同吴克华司令员迅速来到山上的纵队前线指挥所，刚听完参谋的汇报，就接到12师师长江燮元的报告：约3时30分，敌人趁落潮之际，偷涉海滩，首先袭击占领了我打渔

山岛阵地；在前沿，有几个尚未修好的工事和还没来得及修工事的小高地，也被敌人偷袭抢占了。

打渔山岛是突出在连山湾北岸的一个岛，位于我军防线的东端，西与塔山堡隔路相望。丢失了打渔山，敌人就直接威胁我西海口和塔山阵地的侧翼安全，如果敌人从海上登陆西海口，可以越过塔山，绕过高桥，直抵锦州外围，对我攻锦部队侧翼的威胁实在是太大了。

"迅速组织反击，夺回阵地！"

吴克华司令员用坚毅的声调，在电话里对江师长下达了反击命令。

前沿迅速展开了一场短促的反击战，战士们冒着弹雨冲上去，用刺刀狠狠地教训妄想偷占便宜的敌人。在有的小高地上，敌人凭借我军尚未修好的工事进行顽抗。战士们一次冲击不成，再冲，正面上不去，两翼包抄。敌人来时容易去时难，来不及回窜就被消灭了，丢失的几个小高地又重归我手，唯有打渔山岛还没有夺回来。

海潮涨上了半岛，打渔山已经成了孤岛，滔滔的海水，既阻挡了待命反击的 29 团 1 营和 34 团的部分战士，也困住了岛上的敌人。

10 月 10 日，天色微明，敌人集中全部炮火对我塔山阵地进行全线猛轰，塔山阻击战打响了。山炮、野炮、加农炮、榴弹炮，加上飞机俯冲，舰炮侧射，成千发炮弹带着刺耳的呼啸，倾泻到我军各个阵地，几乎毁坏了我军所有的工事。地堡掀掉了，掩体炸塌了，铁轨翻飞，枕木破碎。由于工事不完备，不少战士在敌人炮火下牺牲了。

接着，敌军在 54 军军长阙汉骞指挥下，以其新 6 军暂 62 师、第 54 军 8 师和第 62 军 151 师，共 3 个师的兵力，在我 10

多千米宽的正面展开实施全线攻击。整连、整营、整团的敌人，有的军官率队在前，有的督战压后，密如蝗虫，一波接着一波，叫着骂着，直往我军阵地压来。

刘家屯北侧高地——白台山7号阵地是我警卫连2排守备的，敌151师分6股猛扑过来。第1次以1个排的兵力进行试探。当敌人刚刚靠近我工事前沿，手榴弹便围着半面山坡炸起来，敌人成片地倒下，进攻被我压了回去。接着，敌人增加至1个连。2排从阵前侧翼反冲击打退了敌人的两次冲锋。随后，敌人又增加至2个连，在4架飞机配合下，连续5次发起集团冲锋。1梯队打掉了，2梯队冲上来，前面的倒下了，后面的继续上。敌军炮火轮番轰击，进攻接连不断，妄想以绝对优势兵力来压倒我二排战士。

前沿的战况，迅速汇集到纵队指挥所。为了教训敌人，吴克华司令员命令炮兵集中火力轰击敌人的梯队集结地域，使敌人的多次冲锋连接不起来，同时要部队乘机进行反冲击，打垮敌人。

猛烈的炮火向敌后梯队集结地域排山倒海般轰击过去。集结中的敌人被打得抱头鼠窜。我前沿部队不待命令，适时进行反冲击，敌人疯狂的连续冲锋被压住了。

当敌人向白台山7号阵地发起第6次冲锋的时候，已是下午了。这时，坚守阵地的警卫连2排只剩下9个人，干部已全部伤亡。眼看敌人就要冲到山顶。在这紧急关头，战士们主动组织起来，在共产党员的带领下打击敌人。冲上来的敌人被反击下去了，而敌人的炮火又成排地轰击过来。我军有的战士被埋在炸翻的土底下，有的被震昏，倒在壕沟里不省人事。这时，20多个敌人已经无声无息地爬上来，靠近了壕沟。侧面阵地上的1排立即组织3班迅速向敌人反击。3班一顿手榴弹，打得刚刚爬

上 2 排阵地的敌人滚的滚，爬的爬，一溜烟似的逃跑了。3 班的战士们在山前小营地里固守，并机智地打退了 1 个排敌人的反击。1 排的战士立即救起躺倒在沟里的 2 排同志，一起迎击敌人

阻击部队利用临时构筑的野战工事击退敌人的轮番进攻

下一次冲锋。直到太阳落山，敌人也未能爬上我阵地一步。

在塔山堡东之铁路 1 号桥阵地、高家滩阵地，敌人也发动了连续冲击。激战至 16 时，34 团 3 营打退了敌暂编 62 师 1 个团的 9 次冲锋，还生俘了 280 余人。

此时，海潮退落，打渔山岛与大陆连成一片。我 29 团 1 营和 34 团的部分战士，向岛上猛扑过去，敌人抵挡不住，被歼一部分，其余的跳海逃命，被浪涛吞没，葬身鱼腹。

敌人贼心不死，在试探性进攻之后，第 2 天以暂 62 师、8 师、157 师、151 师共 4 个师，改用中央突破的方法，在其两翼策应下，全力向我 34 团前沿阵地的重点塔山堡突击。

晨 7 时，塔山堡遭到了敌人各种炮火的猛烈轰击，敌人集中了所有大炮，从前沿排击到纵深，又从纵深排击到前沿。顿时，一个街道整齐的大堡子，成了一片瓦砾场，树木截断，房屋倒塌。修筑在村沿的工事被打塌了，泥土翻卷，硝烟弥漫。

敌人的总攻开始了。

"哒哒哒……"我军的机枪开火了。"轰隆，轰隆……"手榴弹也在敌群中爆炸。

战士们沉着准确地打击敌人，敌人成片地倒了下去。正面冲上来的敌人被压下去了，然而两侧的敌人却绕过地堡群，同我军抢夺村沿的阵地。枪声、喊声响成一片，手榴弹来回飞舞，敌人扔过来，我军甩过去，整个阵地陷入混战中。我军的地堡盖很快被炸塌了，许多战士被埋在地堡里。敌人冲进了阵地，战士们从泥土里拔出身子，与敌人展开了肉搏。一位战士投出了最后一颗手榴弹，也向敌人冲杀过去。当他把刺刀插入敌人的胸膛时，自己也壮烈牺牲了。两侧的地堡里向敌人交叉射出了复仇的子弹，后续的敌人垮了下去。

敌人虽然被打垮了，但在其督战官冲锋枪的威逼下，仍然继续不断地冲上来。

在我英勇战士誓死奋战下，敌人每前进一步，都留下了成堆的尸体。我34团1连的指战员也伤亡过半。战士们从被毁的工事转到了后边的院子里，继续向敌人射击。敌人趁机占据了塔山堡村沿的民房，战场逐渐转入村内。相互失去联系的战士，从街头巷口残垣断壁的各个角落里顽强抗击着，同敌人周旋、厮杀，进行殊死的搏斗，阻止敌人向村内发展。

塔山堡阵地到了最紧急的关头。

各级指挥所都在注视着塔山前沿的阵地。塔山堡的情况，迅速报到了纵队指挥所。莫文骅直接把电话要到了34团指挥所，对焦玉山团长说：

"要迅速组织反击，你要亲自组织，坚决顶住！"

焦团长十分有把握地说：

"请首长放心，我们正在组织反击，我们一定能顶住。"

于是，团政委江民风亲自率领团预备队第4连，迅速向血战中的塔山堡扑过去。

塔山堡战斗仍在激烈地进行着。当敌人冲上1排和2排5班阵地的时候，迎面碰上1连连长刘景山正带着8班、9班反击上来。接着就是一场逐屋逐院的争夺战，村口、路边、屋里、院外，都是战场；刺刀、枪托、石头、手榴弹，都是武器。刘景山命令9班从另一条路包抄过去，自己带领8班步步紧逼。敌人被压缩到村口的一些房子里困守，准备伺机反扑。

连长刘景山率领8班、9班反击的同时，在东面小山上观察前沿战斗的一营副营长鲍仁川见敌人突入我阵地，便不顾敌人炮火封锁，飞奔入村，迅速把1连零散人员组织起来，同敌人拼杀。当刘景山他们把敌人压在村口的时候，5班战士们正好从另一个院落里用机枪"迎接"他们。副排长王文礼带领8个战士从右翼插入敌群，用机枪纵横扫射，机枪打不响了，又用刺刀和敌人拼杀成一团。我们的炮兵发射出密集的炮弹，准确地轰击着刚刚撤回去的敌人和掩护攻击的敌人，直打得敌人四处逃命。

敌军企图从中央突破的梦想又一次破产了。

在塔山堡两翼，我军的一些阵地也曾一度被敌人突入，但最后终将敌人击退。在白台山36团4连2排阵地上，5班战士徐忠智，在全班伤亡，敌人突入阵地之后，他一个人顽强抗击，至死不后退，机枪打坏了，便与敌人拼刺刀，终因寡不敌众，最后拉响了身上仅有的一颗手榴弹，与敌人同归于尽。

坚守塔山堡的34团1连，战前有170多人，经过这一场恶战，撤下来的仅有7个人了。莫文骅激动地逐个看望这些衣服被撕破，满脸乌黑，缠着绷带，但精神抖擞的战士们，赞扬他们高昂的战斗精神，同时要他们好好休息，养精蓄锐，准备迎接更激烈的战斗。

敌人接连两天的攻击未能得逞，第3天只以少数兵力在前沿与我军保持接触，并没有发起进攻。炮火向我军阵地轰了一阵，就没有多大动静了。海上的兵舰开走了，空中没有飞机吼叫了，对峙的敌人阵地也只有零星的枪声。

战火纷飞的塔山，全线沉寂，笼罩着几天来未曾有过的宁静，种种迹象表明，这只是大战前的沉寂，敌人正在酝酿更大规模的进攻。大小东山一带的高地上，大批敌军官在炮火掩护下，不断向我阵地窥视，其后方部队进行着频繁的调动。显然，他们在调整部署，观察地形，重新选择主攻方向，以便孤注一掷。

纵队指挥所根据上述情况及时指示部队，抓紧时机，加修工事，整顿组织，总结经验，鼓舞士气，迎接来日恶战。

战斗开始时，我军的工事都是仓促修成的。两天来，敌人倾泻了几千发炮弹，大部分工事被炸塌了，打毁了。12日这一天，部队抓紧抢修，大大小小的地堡从内部得到加固，扩大了范围，增设了副防御工事，改善了战斗条件；交通壕、堑壕加长、加深了，沟通联结起来了；有的还增修了又深又宽的防坦克壕；前沿的铁丝网也增加了，有屋脊形的或半屋脊形的，有一列桩或绊马索的；各种各样的鹿砦也加密加厚了；在敌人进攻的道路上，有的埋下了地雷，有的布下了爆破筒、手榴弹和桩钉板等；每个战斗岗位上都修了防炮洞和储备弹药的小仓库。经过辛勤整修，阵地面貌完全改观了。

对指挥员来说，最要紧的是弄清敌人的意图，确定自己的对策。对此，各级组织了侦察分队，分批分点对敌人进行了侦察。34团派出了侦察排7班去抓"舌头"。19时，在班长纪仁祥带领下，7班化装成被敌人拉来修工事的民夫，混进了敌人阵地。22时，他们便把捉来的"舌头"送到了团部。经过审讯，

塔山战役中被俘的国民党军之一部

原来是华北调来的第 92 军 21 师 63 团副团长高录臻及其参谋人员和卫兵。

据俘虏交代，蒋介石十万火急地从华北调来新的增援部队，包括第 62 军、第 21 师及独立 95 师，在 17 兵团司令官候镜如指挥下，已经海运到达。今天经过调整，敌军独立 95 师及 21 师等已全部调上前沿。上午，在大、小东山一带向我纵深窥视的，正是他们的连以上军官在察看地形，准备明天起即投入战斗。独立 95 师是国民党的嫡系部队，一色美式装备，被吹嘘为"赵子龙师"。此次来塔山前线，由原师长、现任总统府战地视查组长、华北督战主任罗奇亲自督战。罗奇为了在蒋介石面前邀功，在独立 95 师建立了庞大的督战组织，并组成"敢死队"，准备大干一场。他吹嘘说："没有'赵子龙师'拿不下的阵地！"

针对敌情，我 4 纵首长经过缜密研究，迅速调整了部署。由于 12 师连日来伤亡较大，纵队决定缩小其防御正面，把对面敌独立 95 师的塔山以东阵地，交由 10 师主力 28 团接替。经兵团批准，将 11 师 31 团守备的第一线阵地移交给第 11 纵队；31 团移至 12 师侧后，归 12 师指挥，加强纵深配置；32 团撤出第一

东北野战军医务人员在炮火下抢运伤员

线，编入纵队预备队。正在4纵视察阵地的第2兵团司令员程子华和政治部主任刘道生，还决定加强4纵1个炮兵团。4纵即将炮兵火力重新配置，阵地前移，集中保障塔山堡两翼，重点放在塔山堡以东铁路桥方向。

经过调整部署，我各阵地力量得到了加强。指战员们严阵以待，准备迎击敌人的进攻。

13日，天刚拂晓，敌独立95师及54军的8师，62军的151师、157师，在数十艘军舰的重炮和飞机火力的掩护配合下，采取正面进攻、两翼突破、迂回塔山的战法，向我阵地展开了猛烈的进攻。我28团防守的铁路桥头堡阵地、高家滩阵地首当其冲。

此时，潮水已经退落。敌人利用露出的海滩向我进攻，这是兵家很少用的招数。敌人是想钻空子，他们错误地估计我军会麻痹大意，认为这里的防御一定薄弱，可结果又是碰得头破血流而回。

"重庆"号巡洋舰的侧射炮火，加上正面发射来的炮弹，雨

点般地落在阵地上，刚刚修复的工事，大部分被毁。开阔的海滩上，整团、整营的敌人，由"敢死队"做前导，哇哇叫着冲了上来。

我28团的指战员们，在团长鞠文仪和政委张继璜的率领下，沉着应战，以机枪、步枪、手榴弹把敌人杀伤了一批又一批。一场混战，接着一场拼杀，前面的敌人打倒了，后面的敌人还在往前冲。战士们决不后退一步，打光了手榴弹就拼刺刀，拼石头，反复冲杀。阵地正面前沿正在危急的时候，3营冒着敌人的炮火拦阻，从侧翼反击上来。敌我双方展开了激烈的争夺，刺刀对刺刀，枪口对枪口，杀了七八个来回，敌人终于被打退了。

遭到痛击的敌人，又一次次重新组织冲锋。他们把尸体垒作工事，向我阵地步步推进。进攻的凶猛程度是空前的，我军阵地承受了前所未有的压力，不管是坚守在阵地上的防守部队，还是作为第2梯队的反击部队与敌人反复拼杀，伤亡很大。

纵队决定把预备队11师1个团移至28团侧后山上，以备在敌人危及我阵地时，从侧翼打下去，歼灭敌人，支援28团。这个决定立即通知该师师长田维扬和政委吴保山执行，同时命令各炮群全力打击向塔山铁路桥方向进攻之敌。

下午，战斗更为激烈。28团营、连之间的两条电话线全被炮火打断，在指挥中断的情况下，各级指挥员发挥独立作战精神，与敌血战。在2连指导员程远茂指挥的1排阵地上，6个地堡被敌人炮火掀掉了5个，剩下的一个只留下架子。这时，2排、3排那边还有断续的枪炮声，而这里突然寂静下来。程远茂很快就发现，对面山坡上敌人的炮兵正在转移阵地，一直向这边推过来；东面海上，轰击了多时的敌人两艘军舰旁边，又增加了1艘。他们的炮口也都指向这边的阵地。

程远茂明白，更大的恶战就要来了。他抓紧战斗间隙挨个动员鼓励大家：

"要以一顶百。没有子弹还有手榴弹，没有手榴弹还有刺刀，石头也是武器。死守阵地，寸土不失，实现我们的决心！"

转瞬间，敌人的炮火已经轰击过来，连续的爆炸声把战士们震得耳朵都聋了。营部通信班长跑来报告说，电话线被炸成一节节的了，无法再接，和营的联络中断了，程远茂随手抓起身边的步枪递给他，说：

"你到右翼去，用它打击敌人。只要上级还听到咱们的枪响，就知道阵地还在咱们的手里！"

敌人的炮火暂停后，又开始冲锋了，蜂拥而至的敌人在 200 米外的小河岸出现了，拿着一色的冲锋枪、机枪，有的抬着重机枪，队伍中还夹着挑弹药的，挺着腰直冲过来。程远茂沉着地指挥大家，把敌人放到几十米的地方再一起开火，机枪、冲锋枪、步枪，构成了密密层层的火网，网住了敌人。

前边的敌人被撂倒了，后续的敌人在军官带领下冲了上来。突然，左翼那挺最能杀伤敌人的机枪不响了。程远茂跑去一看，担任机枪手的代理排长倒在血泊里。1 班只剩 5 个人了，个个都缠了绷带，他们愤怒地把手榴弹甩到敌群里。右翼的 2 班也没有几个人了。

情况十分紧急。程远茂迅速把全阵地的可战斗的战士组成 1 个班，指定 2 班长魏殿荣为代理排长。这时炮弹又夺去了另一名机枪射手的生命。程远茂正在着急，机枪班弹药手张连喜主动要求担任射手。此时，敌人已乘虚拥上来，只见张连喜架起机枪，向敌人猛烈射击起来。一批敌人倒了下去，可还是有 10 多个敌人冲到了被炸断的铁丝网跟前，而此刻我军的弹药也快打完了。战士们用手榴弹消灭了铁丝网附近的敌人。紧接着，后

面的敌人又冲了上来，他们用自己人的尸首当活动工事，慢慢向前移动，情况越发紧急。

张连喜的机枪还在点射，打光了子弹的战士们端起了刺刀，拿最后一颗手榴弹的战士已经把弦扣上了指头，阵地上还能动的人都拿起了武器。正在危急时分，突然，敌人成排地倒了下去，原来是我军反击部队冲了上来。

这一天，是敌人投入兵力最多、火力最猛、进攻最凶的一天，也是对塔山存亡有决定意义的一天。敌人输得很惨，那个号称常胜不败的"赵子龙师"，在我4纵队阵地面前碰得头破血流。

夜幕渐渐降临，慢慢地笼罩了塔山，刺耳的枪炮声停止了，已经胜利地度过了第4天激战的4纵队阵地上，又响起了叮当的镐锹声。战士们又赶紧加固被打坏的防御工事。

这天夜里，4纵队收到野战军司令部的指示：锦州外围据点已全部肃清，攻锦准备已全部完成，主攻锦州的部队在明天就要发起总攻。估计葫芦岛的敌人定会拼死增援，战斗可能更为激烈和残酷，要部队积极准备，坚持到底！

锦州决战的时刻终于到了！莫文骅政委和吴克华司令员连夜把总部的指示传达下去。指战员们兴奋地转告着，更加信心百倍地准备痛击敌人。

10月14日天刚拂晓，敌军在炮火掩护下，分3路以密集的兵力一波又一波地拥向我军阵地，其中一路爬上了我铁路4号阵地铁路桥头堡。我28团4连经过反击，夺回了阵地，把敌人压缩到铁路以东。不久，敌人再度突进我工事。伤亡过大的4连在工事里正与敌人做最后的拼杀时，我5连3排迅猛地反击了上来。刚从卫生队赶回来的战士刘殿哲，冲在队伍的最前头，当他和战友们刚刚抢占了桥头堡，敌人便从铁路上压过来。刘殿

哲端着机枪钻出地堡，首先冲上铁道，把敌人压了下去，可是，敌人的机枪打中了他的头部和右臂，回到地堡就昏迷过去了。当他醒过来的时候，指导员和同志们都劝他下去，他断续地说：

"不能下火线，不死就要和敌人拼到底……"

这时，敌人又爬上了铁道。刘殿哲咬着牙爬起来，端起机枪悄悄地跟着队伍冲了上去，不幸再次负伤栽倒在地，他顽强地爬起来，又冲上去。正赶上1排从铁道上向南压缩过来，他兴奋得忘记了疼痛，使出浑身力气，冲到最前面，用机枪追着敌人猛打，一口气追了150米远。突然，一颗炮弹打来，把他炸翻了，这位英勇的战士为人民流尽了最后一滴血。

正在激战之际，4纵队吴司令员接到1纵队李天佑司令员的电话：

"吴司令员吗？你好！我们奉东总首长的命令来做你们的预备队，现在高桥一带。我代表1纵队全体指战员向你们致敬。你们什么时候需要，我们随时可以支援上去！"

吴克华非常激动，高声回答说：

"4纵队全体同志向1纵队老大哥致敬。你们远道赶来，请先休息，一旦需要，我们就请老大哥上来。"

有兄弟纵队做后盾，4纵队战胜敌人的信心更坚定了。

10时，锦州方向传来了震天动地的炮声，锦州总攻开始了！

日日夜夜盼望的、用无数鲜血和生命换来的时刻终于来到了。这振奋人心的喜讯，在塔山前线闪电般地传播着，从指挥员到战斗员，从前沿到纵深，个个欢欣鼓舞，士气越发高昂。

敌人强攻不成，耍起了花招。在靠近我前沿阵地约200米的地方，筑起临时工事，而且在我阵地前组织火力，派出小股部队实施攻击。当我反击时，他们立即缩回，我撤回时，他们又发起冲击。敌人企图引诱我大部出击，以便用火力大量杀伤我

有生力量。我军识破了敌人的诡计，指挥所命令各部队，要依托工事坚守，不要轻易做远距离出击，必要时只以小分队进行不脱离阵地前沿的反冲击，同时又用炮火轰击敌人。

敌人的阴谋又破产了。

敌人一招不成，再来一招，企图以偷袭手段占领塔山堡。夜半过后，一部分敌人悄悄窜入我军阵地。但我们的干部战士保持着高度警惕，迅速发觉了敌人的偷袭，奋起反击，与敌人短兵相接，一鼓作气，将敌人逐出了阵地。

此时，天色已大亮。敌人偷袭不成，便发起集团冲锋。1连重机枪射手阎成兴和他的战友用1挺重机枪沉着迎击敌人，敌人一上来，他就来个点射，一连击毙40多个敌人。

敌人的最后挣扎失败了，溃乱的队伍被我军强大火力截断了退路，困集在饮马河北岸一个高坎下的开阔地里，动弹不得。远处不断响起敌人的冲锋号，敌群里也一片叫骂声，但始终没有一个再敢上来。一个敌军官正威逼其士兵冲锋，被我1连指导员王金忠一枪撂倒。面对混乱的敌人，我军适时地展开了攻心战。

ZHONGWAIZHANZHENGCHUANQICONGSHU

塔山阻击部队经顽强战斗，胜利地完成了阻击任务

　　1连和警卫连的瓦解敌军小组迅速跳出战壕，分散在鹿砦后，坟包旁，河沟边，向敌人喊起话来：

　　"锦州已经解放，你们的退路已经被切断了，只有放下武器，才有活路一条！"

　　"枪是美国佬的，命是自己的，赶快放下武器，解放军优待俘虏！"

　　一句句喊话像攻心炮弹在敌人的心里炸开了，敌群中骚动起来。又有两三个人扔下枪支。一个军官模样的人见了，举起手枪要打，被我一班副班长卜凤刚大喝一声：

　　"谁敢开枪，饶不了他！"

　　敌军官马上被吓了回去。

　　敌人的士兵也骂起来：

开赴辽沈战场的民兵担架队

　　"谁敢开枪，就先宰了他！"

　　开阔地里的敌人纷纷站起来，一窝蜂似的举枪投降，向我军阵地走来，有的军官要开枪射击，被他们的士兵打倒了。就

积极支援前线的运粮大车队

这样，在我强大的军事打击和政治攻势下，两个连的敌人乖乖地当了俘虏。

12时，敌人全线溃退了。

下午，1纵队李天佑司令员打电话给莫文骅：

"锦州解放了！"

胜利的消息从纵深传到前沿，从打渔山传到白台山，阵地上掀起了狂欢的浪潮。

塔山阻击战，是辽沈战役的重要组成部分，是保障我军夺取锦州关键的一战。在这场鏖战中，东北野战军第2兵团第4纵队、第11纵队和炮纵炮兵团等部队打得非常英勇顽强，粉碎了敌人由11个师组成的"东进兵团"夺取塔山支援锦州的企图，保障了锦州战役的胜利。

经历了6个昼夜生死搏斗的广大指战员，抑制不住自己的喜悦。他们用自己的生命和鲜血铸造了塔山钢铁阵地，毙、伤、俘敌6000余人，创造了威震敌胆的光辉防御战例，为解放锦州立了战功！战后，第4纵队34团、36团、28团分别被授予"塔山英雄团""白台山英雄团""塔山守备英雄团"的光荣称号。各师都涌现出了一批英雄集体和英雄模范人物。

第三章 战辽西秋风漫卷 廖兵团尸横遍野

一、孤注一掷，蒋介石决定大战辽西

1948年9月，解放军进军锦州，蒋介石下令要沈阳国民党军主力直出辽西解锦州之围，并夹击锦州地区的解放军。他召卫立煌去南京接受任务，并当面会商如何执行他的命令。

卫立煌并不赞成蒋介石的作战方针，他直率地对蒋介石说：

"委座，我的想法，应在关内增援部队解锦州之围后，渡大凌河向辽西地区前进时，沈阳主力才能西出与东进兵团会师。"

蒋介石历来刚愎自用，根本不采纳卫立煌的意见，要他立即回沈阳指挥部队出辽西。卫立煌虽没敢公然反抗，但始终不接受蒋介石的作战方针，只得含糊其辞地推脱说，回去与负责将领详细商量后再作处置。

蒋介石怕卫立煌再拖延时日，就派参谋总长顾祝同随卫立煌飞回沈阳，以监督执行他的命令。

卫立煌回到沈阳后，立即找第9兵团司令官廖耀湘去沈面商

机宜。廖耀湘提出自己的作战方案：沈阳主力应该利用东北解放军主力进攻锦州、辽南完全空虚之际，经辽中往南，经牛庄一举袭取营口。

廖耀湘以为这是最安全、迅速、容易且对以后行动又十分有利的方案。同时，廖耀湘还认为要主动向蒋介石提出积极的对策，否则会被蒋介石认为是回避战斗，看着锦州被围袖手旁观，道义上也说不过去，并认为更不能抗拒蒋介石要东北"国军"立即执行命令的要求。

卫立煌这一次很仔细地倾听了廖耀湘的意见，他对辽南空虚、解放军第4纵队已调往锦州的情况非常注意，但害怕沈阳主力离开后，长春、沈阳都会随之陷落，又有些犹豫。但他不能不承认出营口的方案比蒋介石出辽西的方案安全而且易行。

在解放军大军压境的紧要关头，为了对付蒋介石的不合理作战方案，卫立煌和廖耀湘都感到了命运与利害的一致。几经权衡利害，卫立煌同意把这两个方案（即守沈阳与出营口的方案）都提出去，作为东北负责将领的方案，请顾祝同报请蒋介石任择其一。为了说服顾祝同，卫立煌电话约顾祝同到他家里去吃晚饭，要廖耀湘也去，以便饭后共同商谈。

吃晚饭时，卫立煌尽量与顾祝同谈些过去同事时期愉快的往事，频频举杯与顾祝同开怀共饮，极力营造一种友好的气氛。

饭后，3人同到一个小厅里吃水果喝咖啡，卫立煌逐渐把话题转到如何执行蒋介石命令的问题上来。卫立煌说：

"总统要求沈阳主力直出辽西，一路从敌的侧面行军，远出解锦州之围的方案，实行起来危险实在太大。因为解放军很可能围城打援。"

说着，卫立煌停了一下，看了一眼廖耀湘，继续说：

"廖司令官在东北比较久，对东北各方面的情况比我更熟悉。他又是负实际责任落实总统命令的人，你可以问问他，听听他的意见。"

顾祝同很客气地向廖耀湘说：

"你有什么意见？可以详细谈谈。"

廖耀湘实话直说：

"我们现在最主要的问题，是如何安全、迅速地撤退沈阳主力的问题。5月初总统在南京召集我们开会的时候，就决定要撤退沈阳主力。要安全撤出沈阳主力，我们在东北的负责将领已商定出两个方案。"

于是，廖耀湘把前面已述及的守沈阳和出营口这两个方案及理由向顾祝同作了详细陈述，并将准备好的书面计划和行动要图，一并呈给他看。

顾祝同并不看图，只是说：

"总统的命令，主要不是如何安全撤退沈阳主力的问题，而是要你们出辽西，东西对进，夹击锦州地区的共军，以解锦州之围的问题。"

廖耀湘一边在地图上告诉顾祝同辽西的地形，一边申述自己的意见：

"东北共军很可能围城打援，如果在葫芦岛与锦州守军未会合，先进出沟帮子向辽西推进之前，我沈阳主力单独出辽西，背三条大水，一路侧敌行军远出锦州地区，以夹击共军，确实有被节节截断、分割包围、各个击破的危险。所以我特别主张先出营口，然后由营口北出大洼、盘山，向沟帮子、北镇前进，以拊敌之侧背，同样可达到夹击锦州地区共军之目的。必要时还可由营口运兵到葫芦岛，直接解锦州之围。"

卫立煌立即在一边帮腔,插进来说:

"按照总统的办法做,很可能锦州之围未解,先送掉沈阳的主力。总统早就答应我,由他从关内抽调军队增援东北,以打通锦沈交通,现在正是时候。"

他这些话似乎向顾祝同表示,首先蒋介石要实现诺言。

廖耀湘接着说:

"总统早在5月初就要撤退沈阳的主力,因此我认为要沈阳主力出辽西直接解锦州之围,很可能是一些参谋人员的纸上谈兵,不一定是总统的真正旨意。"

顾祝同仔细倾听了卫立煌和廖耀湘的意见,说:

"总统的命令不能违抗,我是来监督命令执行的。"

但并未断然拒绝卫立煌,并答应将卫的意见立即电报蒋介石。

第二天,即9月27日下午,蒋介石回电,仍要卫立煌按他原来的命令行动。顾祝同立即打电话转达给卫立煌,卫立煌又找廖耀湘去商量。这时卫立煌的神情非常焦愤和不安,第一句话就问廖耀湘:

"总统一定要我们立即出辽西增援锦州,你看怎么办?"

廖耀湘感到很惶惑:

"为什么总统一定要坚持出辽西?"

在廖看来,这似乎不符合蒋介石原来想把沈阳主力提前安全撤出去的主旨。廖耀湘沉思着,卫立煌也没有说话,大概彼此都感觉到情况十分严重。过了一会儿廖耀湘首先打破这沉闷的局面,对卫立煌说:

"沈阳主力不能在葫芦岛、锦州两地部队未会师之前单独出辽西!这是在时间和空间上如何配合的问题,我们不是不愿意执行或故意抗拒总统的命令,而是为了如何更好地挽救当前的

局势。为了保全沈阳的主力，我认为总司令应该再犯颜直谏，坚持我们共同认为是真理的主张。"

卫立煌听了之后，说：

"不能单独出辽西，这是真理！"

半晌又重复一句：

"这是真理！"

然后，卫立煌非常愤然地说：

"我宁愿不干，也决不愿再让沈阳主力单独出辽西。"

于是，卫立煌要廖耀湘同他再到顾祝同那里去做最后一次努力，想先说服顾祝同。卫一见顾就非常激动地说：

"我们两个是多年同事和共患难的好友，我的事情，就好像你自己的事情一样。我这次遇到生平以来从没遇到过的困难，无论如何希望你帮忙解决。我们不是不愿执行总统的命令，也不是不愿意行动，只是在空间和时间上如何配合的问题。我们只是要求在葫芦岛与锦州的部队会师之后，东西两方同时并进，以避免被共军各个击破。"

他焦急而诚恳地请顾祝同帮忙，再一次向蒋介石建议，不要使沈阳主力冒大危险单独出辽西。

顾祝同也有难处，就推脱说：

"我已把你们的意见电告了总统，但总统考虑后仍然要你们执行他原来的命令和计划。我是奉命来监督命令执行的，我不能再向总统说话。"

卫立煌发急地说：

"因为你代表总统，所以我再一次请求你向总统进言，采纳我们的意见。这是关系几十万人命运的国家大事，你我都有责任，应该从长计议，很好地商量。"

这时气氛渐趋紧张，顾祝同站在监督命令执行者的地位，坚持地说：

"这是总统的命令，不能违背。"

卫立煌气急败坏：

"我们不是不愿执行命令，只是要求待葫芦岛与锦州的部队会合后，再东西对进共同行动。"

顾祝同也激动起来：

"但总统命令你们立即行动！"

卫立煌按捺不住内心之气愤，站了起来气急地说：

"单独出辽西，一定会全军覆灭！你不信，我两个打赌，划十字（这是土话，即画押之意）！"

此时，廖耀湘不能再沉默下去了，便出来排解说：

"总司令的意见，是负一方大责的指挥官的意见。他是命令的直接执行者，事关数十万大军的命运，他有责任申述意见，恳求总长再三考虑。"

廖耀湘然后对卫立煌说：

"我们回去再详细考虑一下，然后再同总长会商。"

彼此不欢而散。最后卫立煌对廖耀湘说：

"你再考虑考虑，明天再谈。"

廖耀湘带着一种沉重的心情回了家。

第三天（9月28日）早晨，顾祝同找廖耀湘去个别谈话，责备廖耀湘不应助长卫立煌固执己见，而应劝卫立煌执行蒋介石的命令。他说此次来是监督执行蒋介石的命令，如果东北将领不执行命令，他就没法回南京交差。

廖耀湘则说：

"卫（立煌）是负东北实际责任的，身负东北几十万人安危

的责任，他更明了情况，请再考虑一下他的意见，再电南京最后裁决。"

顾祝同训斥廖耀湘说：

"总统比任何人都更关切东北部队的命运。总统要你们经辽西出锦州，就是要把你们救出去，你们反坐着不愿意行动，企图回避战斗，这是不行的。我已把你们的意见电告总统，总统仍要按照原命令执行，我不能再代你们打电报。你们已耽误好几天时间，这样贻误时机，我再不能代你们负责任。你们必须服从命令，先开始行动，才能再说话。"

廖耀湘发现还有通融的余地，马上对顾说：

"我愿去同卫总司令商量，我们先令部队向巨流河、新民地区集中，请总长再把我们的意见报请总统最后裁决。"

顾祝同同意说：

"那你们先开始行动再说。"

实际上顾祝同这些话是讲给卫立煌听的，是经廖耀湘的口间接传达给卫立煌听，也为自己找一个台阶下。

廖耀湘当即去找卫立煌，报告同顾祝同的这番对话，并说：

"我们如果不表示先遵令开始集中军队，顾祝同似乎也不便再向总统进言，无法回去交代。只要他肯负责向总统再一次转达我们的意见，我想总统不会一点都不考虑，那么事情就有转机。"

卫立煌也正为事态僵持而焦虑不安，马上答应说：

"就这样办。"

于是，廖耀湘同他再一次到顾祝同那里，卫立煌表示愿意遵从顾祝同的劝告，执行总统命令，先开始行动，令军队向巨流河、新民地区集中，请顾祝同再打一电报或回南京面报蒋介石，请总统再重新考虑东北负责将领的意见。顾祝同表示只要

沈阳部队遵命开始移动，他愿回南京去把东北将领的意见转报蒋介石。

卫立煌立即表示说：

"就这样办，我们马上集中军队。"

顾祝同马上就坡下驴，说：

"那我明天就回南京去，你马上下命令，并将命令底稿一份交给我带回南京去给总统。"

这样，顾祝同即于 29 日飞回南京。

顾祝同飞回南京，向蒋介石报告在沈阳他与卫立煌和廖耀湘争执的经过，说卫立煌和廖耀湘不愿意执行蒋介石出辽西增援锦州的命令。

蒋介石听后十分气愤。10 月 2 日飞到沈阳，强令东北将领执行他的命令和计划。

蒋介石先到东北"剿总"稍休息后，立即单独召见卫立煌。卫立煌仍坚持自己的意见，引起了蒋介石更大的愤怒。

廖耀湘随即进见，只见蒋介石脸上表情十分不好。廖耀湘恭恭敬敬地把出营口的书面计划递交他。蒋介石则说他要先到"剿总"会议厅，对师长以上的军官训话。在这次训话中，蒋介石一开始就训斥东北高级将领：

"你们不想打仗，想避免战斗，消极被动。"

为了缓和一下空气，接着又说：

"我这次来的目的是救你们。"

为了表示他对与会者及其所属部队的关怀，最后说了些打气的话，要大家坚决奉行他的命令，努力作战。

随后，蒋介石在励志社单独接见了廖耀湘。

这是决定沈阳部队最后命运的一次谈话，气氛非常紧张，

甚至令人窒息。蒋介石一开始就大发脾气，对廖耀湘说：

"你是我的学生，为什么你也不听我的命令？"

他没让廖耀湘讲话，马上下命令：

"这次沈阳军队直出辽西，解锦州之围，完全交你负责，如有贻误，唯你一个人是问。"

廖耀湘认为这是沈阳主力的生死关头，不能不抓住最后的机会陈述利害，就壮了壮胆，说：

"我们并不是不愿意奉行总统的命令，而是想在实施方法上如何更好地达到总统命令所规定的目的。我们在这方面也有责任向总统申述意见。"

听了这话，蒋介石脸色稍稍放晴了一点。

廖耀湘接着说：

"总统5月初在南京接见我的时候，就决定要把沈阳的主力，在共产党未攻锦州之前，先主动安全地撤往锦州。现在的问题是如何利用共产党进攻锦州的时机，把沈阳的主力迅速安全撤出去的问题。在目前情况下，要迅速安全地全部撤出沈阳的主力，那只有出营口。"

为了使蒋介石相信自己的意见，廖耀湘最后又加上一句：

"出营口连一副行军锅灶都不会丢掉。"

出乎廖耀湘的意料之外，蒋介石说：

"现在的问题不纯粹是撤退沈阳主力的问题，而是要在撤退之前与东北共产党进行一次决战，给他一个大的打击。"

廖耀湘发现蒋介石这时的企图和决心，与5月初在南京自己进见他时，已大大不同了，这才感到自己的思想与蒋介石的见解之间存在着很大的差距，不由得感到十分诧异。

蒋介石继续说：

"我将继续增调军队至葫芦岛，已计划调 3 个军去，海军最新最强的舰只'重庆'号与'灵甫'号亦去葫芦岛海面，直接支援陆上的攻击。你廖耀湘的任务就是要指挥沈阳的主力直出辽西。先到达新立屯地区，再由新立屯经阜新直出锦州、义县，从共军的后方，攻其侧背，与葫芦岛东进部队东西夹击，在锦州地区给东北共军一个歼灭性的打击。"

显而易见，蒋介石的目的是要在东北与解放军进行一次战略性的决战。

廖耀湘这时不得不认真考虑蒋介石的意见，思忖片刻之后，对蒋介石说：

"在锦（州）、葫（芦岛）两地军队未会合进抵大凌河沿线之前，沈阳西出的部队，在时间和空间上，不能够与东进部队直接协同。锦州共军居于内线，那它就可能集中全力先打破一翼，最大可能是先打破由沈阳西出的主力。因此，我认为沈阳主力先集中于新民、彰武地区，完成一切准备，俟锦、葫两地军队会师之后，再东西对进，夹击共产党军队，才是万全之策。"

但蒋介石不明了当时东北解放军力量增长的情况，把问题看得太容易，十分自信地说：

"这没有问题，葫芦岛方面的部队已经部署，那里离锦州很近，而我们又有这样大的力量，迅速打到锦州，不成问题。问题是在你们这边，你们已耽误好几天，应该马上集中完毕，迅速完成攻击准备，按我刚才指示的要领，积极行动。"

蒋介石说完之后，廖耀湘显然被蒋介石的乐观情绪所感染，也感觉锦州、葫芦岛距离短，又有这么大的陆海空军的力量，加上充足的油弹补给，迅速打到锦州，不会有什么大问题，就对蒋介石表决心说：

"我决心执行总统的命令，很快行动。"

蒋介石立即高兴起来，连连夸奖廖是他的好学生。但廖耀湘还有一件事情不明白，为什么蒋介石在5月初就决心撤退沈阳的主力以避免决战，而现在又为什么要下这么大的决心与东北共产党的军队决战？廖耀湘表示疑惑不解。

蒋介石怕廖耀湘犹疑，考虑了一下之后，最终说出了内心的图谋：

"在撤退东北主力之前，一定要给东北共产党军队一个大的打击，一定要来一次决战，否则华北就有问题，将来有机会我再同你讲。当大将，一定要考虑全局，你应该考虑到整个局势，好好努力完成这一次的任务。"

廖耀湘当时感到一种道义上的压力，决心遵照蒋介石的意志，以完成蒋介石面交的任务，毅然对蒋介石说：

"我将力求完成总统交给我的任务。"

随后，蒋介石指示在西进行动中特别应注意的事项，如力保机密，行动迅速，摧毁所到达地区的共产党地方组织，掠夺并毁坏资敌的一切物资，实行他在豫鲁的"三光政策"等。

那天，蒋介石单独同廖耀湘会谈最久，蒋介石指示廖耀湘在这次行动期间主要听他直接指挥，他将随时打电报给廖耀湘。

在廖耀湘之后，蒋介石再次接见了卫立煌，由于已说服了廖耀湘这个主力兵团的司令官，蒋介石已不再把卫立煌放在心上，所以，只轻描淡写谈了几句就草草结束了谈话。随后又接见了几个军政人员，其中有周福成（防御兵团司令官，负责沈阳守卫任务）等，3日即匆匆离开沈阳。

10月8日，国民党辽西兵团开始向巨流河、新民地区集中。但因辽河上没有公路桥，只在巨流河有一座铁路桥，只好临时

又搭了一座通卡车的浮桥。而步兵从铁路桥过河能力有限，所以从辽中来的新编第1军是在新民以南涉渡过来的，兵团主力未能如期在11日以前集中完毕。

但是葫芦岛方面国民党军队已于10日发动对塔山的攻击，受到出乎意料的顽强阻击。蒋介石连电催促廖耀湘赶快行动，按他以前的指示迅速向新立屯前进，以威胁锦州解放军之侧背。因此，在兵团主力未集中好之前，廖耀湘即于9日发起向彰武的进攻。

为掩护部队集中，廖耀湘命令原在新民担任防务的第71军北向彰武地区，西向新立屯、黑山、大虎山方向搜索扫荡。

国民党军队侵犯彰武，由先到集中地的新编第3军负责。新编第6军的先头部队，负责新编第3军右侧背之掩护，向彰武以东秀水河子前进。新编第3军在彰武以南遇到了顽强的抵抗，战斗两天，于13日黄昏侵占彰武。

廖耀湘发起进犯彰武战斗的同时，解放军也正在加紧向锦州实行攻击。到黄昏以后，廖耀湘与"剿总"参谋长联络，问锦州当天的战况，得知锦州以南一带高地上的外围阵地已被突破，廖耀湘立即感到情况严重。在解放军主力攻击下，锦州守军能支持多久？这成了一个问题。而东西两兵团对进以夹击锦州地区解放军，其关键就是要锦州守军能够支持下去。

廖耀湘把对上述情况的顾虑打电话告诉卫立煌，认为在这种情况下，辽西兵团主力暂时应控制于彰武、新民之间新开河以东地区，以一部分兵力出新立屯、黑山地区。因当时新立屯、黑山守军不多。卫立煌同意廖耀湘的意见，但蒋介石连电催促急进。廖耀湘希望能得到蒋介石派驻沈阳的代表罗泽凯的同意。卫立煌说他明天约罗泽凯同来新民，看看彰武前方的战斗情况，并面商作战事宜。

第二天上午，卫立煌与罗泽凯从沈阳坐专车前来新民，廖耀湘陪二人到彰武前线视察。

午饭后，三人谈到塔山攻击仍无进展，锦州的情况大为可虑，无不唉声叹气。这时廖耀湘把上述使兵团主力留置于新开河以东的计划提出来，卫立煌表示赞同，认为在葫芦岛军队未攻下塔山与锦州军队会合以前，暂时把辽西兵团主力控制于新开河以东，较为有利。他说：

"锦州恐怕靠不住，万一锦州失守，则渡新开河西进的辽西兵团，就会陷于进退维谷的危险境地。"

廖耀湘当时尚有一个腹案，就是在锦州万一失陷时，把兵团主力拉回辽河东岸，经辽中撤往营口。

但罗泽凯反对，认为这与蒋介石的旨意不合。最后这个少年得志的年轻军人，竟当面给廖耀湘和卫立煌一个令人难堪的回答：

"战况危险和地形困难，不能成为不打仗的理由。"

彼此不欢而散。

罗泽凯一回到沈阳，立即急电蒋介石告状。蒋介石当晚下半夜即手电切责，要廖耀湘亲率辽西兵团主力星夜渡新开河进占新立屯，再向锦州前进。电文最后还威胁说：

"如再延误，将军法从事。"

廖耀湘接到这封电报后，心情十分沉重，也有点气愤，心里咕噜着：

"你们一定要这样做，一定要送掉兵团的主力，那我也不能再负责任，就由你们去吧！"

在这样不得已而又有点负气的情况下，廖耀湘于10月14日早晨下令整个兵团立即渡新开河西进，只留第49军一个师守备彰武和第71军一个师暂时留置于新民地区。其作战部署如下：

（一）先到彰武的新编第 3 军 3 个师，即由彰武及其两侧渡新开河于当天渡河完毕，并在渡河后向西梯次配备，于 15 日拂晓即向新立屯急进。先头师向目标迈进，对右侧方即西方可能来的敌人之侧击，由后面梯次跟进的部队解决，务必于 15 日黄昏前到达新立屯以北及以西地区。

（二）位于彰武与新民之间彰武台门的新编第 1 军，利用该军自己架设的便桥渡河，两个师先后渡河。15 日拂晓，先头师由绕阳河沿岸出发，由东而西向新立屯突进，如遇抵抗，立即展开，断然攻击，先头部队限 15 日上午 12 时左右到达新立屯。

（三）新编第 6 军和第 49 军继新 3 军、新 1 军之后陆续渡河，纵深配备于第二线，随该两军之后进至新立屯以北及以东地区，最后尾的部队应于 16 日渡河完毕。

（四）第 71 军附第 207 师之许万寿旅，14 日在新民地区渡河完毕，15 日拂晓在白旗堡渡绕阳河向黑山前进，相机占领黑山。

（五）第 49 军以一个师占领彰武，担任侧背之掩护。

自兵团集中起时，廖耀湘命第 71 军不断向新立屯、黑山方向搜索，直达两地外围。

廖耀湘兵团 15 日顺利占领新立屯，并到达黑山外围。廖耀湘十分得意，认为这样将会大大有利于兵团尔后的迅速行动，当即采取向阜新跃进的预备措施，决定于 17 日向阜新跃进，当天即到达阜新地区，因此命令：

（一）新编第 1 军主力于 16 日移至新立屯、黑山之间的芳山镇及以南地区，准备待命行动。

（二）新编第 3 军于 16 日向阜新及新立屯西北地区实行远距离搜索，愈远愈好。利用搜索部队 16 日所到达的最西点作为前卫主力的出发点，17 日兵团先头的一个军（预定为新 3 军）到

达并出敌不意袭取阜新。

（三）新编第6军和第49军后续部队赶快渡河，务必于16日在新立屯地区集结完毕。

（四）重炮及车辆16日经彰武公路桥向新立屯地区集结完毕。坏的车辆和耗油太多的旧战车、装甲汽车返回沈阳，以免油料补给跟不上，发生意外。

（五）以第71军军长向凤武为攻击黑山部队的指挥官，准备16日向黑山前进并进占黑山。

但当时廖耀湘心里已经决定，不管16日第71军能不能占领黑山，兵团主力17日立即向阜新跃进，黑山交第71军继续攻击。

廖耀湘准备16日上午召集各军军长至彰武台门兵团前进指挥所面授任务，向他们指示行动要领，并和他们讨论有关执行任务及相互协同的问题。

16日拂晓以前，廖耀湘得到在葫芦岛整训，一直参加对塔山攻击的新编第6军暂编第62师师长刘梓皋直接打给他的无线电报，说据由锦州跑出来的军官及士兵报告，锦州已被解放军占领。

廖耀湘一听，顿时傻了眼。因为他心中十分明白，他的兵团将陷入孤军作战的困境。于是立即打电话问赵家骧和卫立煌，他们说锦州自昨天以来就不通电报，可能已经陷落。廖耀湘心中立时充满了恐惧，立即对卫立煌说：

"一切部署须马上重新考虑。"

卫立煌也说：

"很严重，应该好好考虑。"

廖耀湘又说：

"我上午把这里的事情处理好，好好考虑一下，下午回沈阳同总司令面商。"

卫立煌感到很有必要与廖耀湘相商，立即说：

"很好，你赶快回来一趟。"

与此同时，廖耀湘也立即打电报给蒋介石请示行动，并通知第71军军长向凤武暂停对黑山之攻击，但廖耀湘没有把锦州被解放的消息告诉向凤武和其他各军军长，以防止他们泄气。廖耀湘要新编第1军主力不要到芳山镇去，暂停止于原地待命，但要向凤武的骑兵团进至芳山镇并向南和西南搜索警戒。要新编第3军仍向西远出搜索，主力集结好，准备随时行动。廖耀湘电话通知新编第6军军长李涛等也把部队集结好，作随时行动的准备。

布置完毕，廖耀湘认真思索面临的形势，心情十分沉重。他感到辽西兵团最后的命运已成问题，认为蒋介石寻求与东北解放军决战的方针，现因情况变化应该放弃，辽西兵团不能继续向锦州前进。因为塔山之战已证明不能再依靠葫芦岛东进兵团的援助，东北解放军的兵力和战力已十分强大，辽西兵团好似是水上漂流着的两边不靠岸的无根浮萍。退回沈阳，背三条大水，无疑这是一个慢性自杀的方案，充其量，不过得到长春守军的结果，所以廖耀湘不主张退回沈阳。向营口撤退，这是廖耀湘过去的主张，现在仍然认为是一个利多而害少的方案。

廖耀湘反复权衡利害得失，最后决定采取由新立屯经黑山、大虎山以东和以南地区直接退守营口的方案，虽然带有冒险性，但争取时间更重要。

廖耀湘正考虑这些问题的时候，蒋介石派东北"剿总"副司令杜聿明到新民前线来同廖耀湘会商以后的行动方针。廖耀湘立即从彰武台门前进指挥所赶回新民兵团部以等待杜聿明的来到。

16日上午11时左右，杜聿明乘专车来到新民，廖耀湘就在专车上同杜聿明会商以后如何行动的问题。蒋介石仍然要求东、

西两兵团对进，会师大凌河。可见蒋仍没有放弃与东北解放军求一决战的决心。

廖耀湘认为，这是一个本来就行不通而现在更行不通的方案，不愿意继续向锦州进兵。他认为当前最迫切需要解决的问题是如何先救出辽西兵团主力。

杜聿明感到廖耀湘说的在理，于是二人就围绕这一中心问题，探讨具体而可行的行动方案。讨论的结果，杜聿明同意廖耀湘经大虎山以南直接退回营口的方案，要求廖耀湘在退到营口地区之后，再经盘山、沟帮子向北打，与杜聿明所指挥的东进兵团在大凌河会师。廖耀湘认为这一方案可以实行，答应杜聿明在退至大洼、营口地区后再向北打，与杜聿明在大凌河会师。这是两个人当天会谈的结果，但还要待蒋介石最后决定。廖耀湘要杜聿明先面报蒋介石，廖耀湘也必须报告卫立煌，得到他的同意和支持，才能采取行动。廖耀湘同杜聿明下午坐吉普车到新立屯视察一遍，夜晚同坐杜聿明的专车回沈阳。

17日早上，廖耀湘即去见卫立煌，廖耀湘首先向他报告昨天与杜聿明商谈的经过。卫立煌仔细倾听，对上述各个方案的利害得失的分析尤其注意，他绝不赞成继续向锦州进兵，最后同意先尽力辙回营口，万不得已时退沈阳。但他也不能自行决定，须先向蒋介石报告，听候蒋介石的最后裁决。

两人随后又一起分析打下锦州后东北解放军可能采取的行动，一致认为锦州解放军主力将会回师先打辽西兵团，以有力之一部坚守塔山这个狭小的隘路口，阻止葫芦岛国民党军队之东进；也可能在回师前对塔山以西地区国民党军队来一个有力的反击；10天左右，锦州解放军主力就可能回师到新立屯、黑山、大虎山地区，完成发起大规模攻势的准备。因此，必须赶

快决策和采取行动。卫立煌十分着急，认为军队应集中准备好，一接到命令就能够立即行动。廖耀湘认为准备行动中最紧要的一着，是先攻占黑山。因为无论向哪个方向行动，出营口、退沈阳或继续向锦州进兵，都以先攻占黑山为有利。

卫立煌考虑了一下，对廖耀湘说：

"你先把攻黑山的一切部署好，待我同总统最后商量好行动方针之后，打电话给你，立即开始行动。"

与卫立煌会商后，17日上午，廖耀湘即回新民，首先找第71军军长向凤武，要他把第71军担任新民防务的那一个师也拉上去，由兵团控制的两个重炮营准备攻占黑山，限18日黄昏前完成攻击准备。要求炮兵进入阵地，步兵进入攻击准备位置，第207师的许万寿旅仍归其指挥。

17日下午，廖耀湘通知新编第1军军长潘裕昆、新编第3军军长龙天武、新编第6军军长李涛到兵团部通报战况，并与杜、卫商谈目前概况。最后廖耀湘谈了个人的决心：准备由新立屯兵团主力现驻地经黑山、大虎山以东和以南地区直出大洼、营。

廖耀湘对3个军以后的任务和行动要领作出以下部署：

（一）以第71军附第207师之许万寿旅，先攻占黑山，掩护兵团主力通过黑山以东走廊，迷惑敌人造成我继续向锦州西进的假象；黑山攻占之后，李涛率新6军（附第207师之许万寿旅）与第49军为兵团的先头部队，立即由新立屯现驻地出发，经上述路线，直退大洼地区。在大虎山以东和以南应派有力的部队担任侧卫，占领要点，以掩护后续部队通过。到大洼后与营口第52军取得联系，并向盘山方向搜索警戒。

（二）新编第3军继第49军之后，与李涛取得联络，退至大洼以东地区。

（三）新编第1军与第71军为整个兵团的后尾部队，统归新1军军长潘裕昆指挥，并担任整个兵团的后卫任务。至于第71军与新1军如何交互撤退与自行掩护，由潘裕昆自行决定。潘与新3军军长龙天武密切联系。新1军及第71军到达大洼地区后，位于大洼、营口之间地区，为兵团以后行动的预备队。

（四）兵团前进指挥所随新编第6军军部行动，先到大洼，然后至营口。

18日晚上，廖耀湘打电话给卫立煌，报告一切都已准备完毕，只待命令行动，并准备于次日拂晓攻击黑山。

卫立煌对廖耀湘说，蒋介石急电要他19日去北平，要廖耀湘等一下再行动。廖耀湘再一次叮咛他要赶快决策，争取时间，并希望他在蒋介石面前坚持商定过的方案。

10月19日、20日，蒋介石在北平召集卫立煌、杜聿明面商东北国民党军队以后的行动方针。

蒋介石仍要杜聿明所指挥的葫芦岛国民党东进兵团与廖耀湘所指挥的辽西兵团东西对进，夹击解放军，收复锦州，并在大凌河地区会师。

卫立煌则坚决反对这一方案。

19日上午、下午和晚上，廖耀湘不断与沈阳联系，想及早知道蒋介石和卫立煌的最后决策。听说卫立煌未回来，急不可耐，于19日晚上直接打电报给蒋介石，坚决要求经黑山、大虎山直退营口，并说，时间对我不利，请总裁速决。20日晚上，卫立煌由北平回沈阳后，立即打电话给廖耀湘，说蒋介石最后采取退据营口的方案，廖耀湘可按原定的计划立即攻击黑山。

在争吵数天之后，蒋介石才被迫放弃自己夺回锦州的方案，因为负东北军队直接指挥责任的3个人（卫立煌、杜聿明、廖耀

担任阻击国民党军"西进兵团"任务的东北野战军某部渡辽河南下

湘）没有一个人同意他的方案，最后才采取上述直退营口的决策，但已经太迟了。因为东北野战军经调整部署，已于10月20日作出了围歼廖耀湘兵团的决策并发出了行动指令。

国民党西进兵团进犯黑山的部署，久已完成。只是由于等待蒋介石和卫立煌的最后决策，才推迟到21日发动全面进攻。20日晚上，廖耀湘以电话通知第71军军长向凤武于次日拂晓开始攻击黑山。

廖耀湘攻击黑山的部署是：第207师的许万寿旅在兵团直属重炮掩护下，从胡家窝棚（黑山以东通沈阳公路上的一个村庄）由东向西从正面攻击黑山；以第71军的两个师为攻击黑山的主力，由北向南从黑山以北侧击并包围黑山。

二、黑山阻击，敌我六比一

锦州解放后，蒋介石飞往沈阳，错误地认为我军攻锦州伤亡巨大，"不经休整与补充则不能再战"，企图乘我休整部队之

机，再搞一个"南（锦西敌人向北攻击）北（廖耀湘兵团迅速西进）夹击"，重占锦州。

东北野战军总部首长林彪、罗荣桓、刘亚楼当即部署了大规模的辽西围歼战。

针对敌人的企图，我攻打锦州的1、2、3、7、8、9纵队和炮纵队、6纵队17师，已经秘密、神速地分3路东进，大会战就将开始了。

"锦州、长春解放后，敌廖耀湘兵团仍企图西进与锦西之敌会合，重占锦州或逃入关内。我10纵队即应进至黑山、大虎山之线，选择阵地，构筑工事，顽强死守，阻住敌人，待主力到达后，聚歼该敌。"

这是10月21日中午，我10纵队收到的东北野战军总部的急电。短短的电文，把东北战场的形势、敌人的动向、我军的意图及赋予10纵队的任务，交代得清清楚楚。

10纵队党委立即召开了常委会。

展开地图，黑山和大虎山被红笔圈连起来：北面是高达千余米的医巫闾山脉，南接连绵90多千米的沼泽地区，只有中间25千米宽的狭长丘陵地带，北宁和大郑铁路穿行而过。黑山和大虎山正是这条走廊的闸门。那些用蓝笔标出的敌军番号，有国民党嫡系"王牌"新1军、新6军和新3军、71军、49军、52军、207师第3旅，还有3个骑兵旅，正向黑山、大虎山拥过来。

这就是说：我军要以一个纵队和临时配属的1个师，抵挡住敌人的6个军。

困难是可以想像到的，敌人是精锐的美械兵团，我军却仅有步枪、机枪、手榴弹和刚成立不久、炮弹又极少的3个山炮营；要在宽达25千米的正面，3个师同时展开防御，这就使我

东北野战军某部在锦西地区构筑野战工事

军的每个阵地，都将受到沉重的压力；时间紧迫，要修筑坚固的工事，显然已不可能；此时已是寒风刺骨的时节，而我全体指战员仍穿着单衣。虽然敌人在我军连续打击下，军心动摇，士气不振，惶然如"丧家之犬"，但鸡死还要扑翅膀，狗急岂能不跳墙！这一切决定了这场战斗必然是一场残酷的浴血奋战。

当夜，部队火速整装向黑山、大虎山进发。

22日清晨7时，各师相继进入阵地。由于时间紧迫，各部队将动员工作与修筑工事同时进行。根据党委分工，司令员梁兴初带着作战科科长陆忍到28师视察指导。

28师担任黑山正面防御，西侧是大白台子，东侧是高家屯，为一长达3000米的丘陵地带。丘陵地带突出部是其主要阵地——101高地，形势险要。

23日，敌先头部队直逼我警戒阵地。上午9时，随着一阵猛烈的枪声，前哨战打响了。

1小时后，敌人两个营遭我军重大杀伤而溃退，10纵队当即电告总部，首长即时回电称："……务使敌在我阵地前尸横遍

105

野而不得前进。只要你们坚守 3 天，西逃之敌必遭全歼。"

任务更加明确了：死守 3 天！不让敌人前进一步！

纵队把这一指示传达到所有阵地，指战员们纷纷表示：

"坚决守住阵地！""有人就有阵地！"

担任前哨警戒的 82 团 7 连，用击退敌人 5 次冲锋的具体行

东北野战军主力自锦州地区向辽西疾进，执行围歼国民党军"西进兵团"的任务

动，表达了他们的战斗决心。

深夜，28 师侦察队送来一个"舌头"。这是敌 71 军 87 师师部的传令班长，衣袋里装满了送往各团的战斗命令。从文件和俘虏的口里了解到，敌人在 10 纵队正面摆开了 4 个师，准备次日发动攻击。主力两个师摆在黑山正北。据此情况判断：敌人的主要突击方向可能指向黑山。

果然，24 日清晨 6 时，敌人炮弹如注，劈头盖脑地向我黑山阵地打来。根据炮击的情况来看，敌人避开我黑山阵地正面，将矛头指向东侧的高家屯，企图切断我阵地的右臂。10 纵队司

令员梁兴初注意到这毒辣的一着，又想到高家屯工事较弱，心里不禁有些沉重，决定再去28师看看。

走出纵队指挥所，只见阵地笼罩在一团浓黑色的烟雾中，高家屯炮声已停，激烈的枪声随之而起。

敌人开始冲锋了！

梁兴初越发加快了步伐，向28师指挥所奔去，刚走进碉堡，贺师长即迎上来说：

"司令员，敌人在高家屯干起来啦！第一次冲击就展开3个营。兵分3路，对101高地攻势最猛。"

话音刚落，只听见飞机轰鸣声和炮弹爆炸声响成一片，敌人又开始了第2次冲击的炮火准备。

梁兴初对贺师长说：

"老贺，敌人避开我刀尖，却从翼侧攻我刀背，这一着确实毒辣啊！我们现在就把刀把转过来，让高家屯成为刺进敌人胸膛的利剑，反复刺进拔出，置它于死地，立刻把82团准备好，要是高家屯阵地丢了，迅速反击，趁敌立足未稳就夺回来！"

贺师长回答：

"司令员放心吧，28师一定胜利完成任务。"

敌人以最反动的"党化部队"——青年军207师第3旅进攻高家屯一线高地。我军据守石头山、92高地的部队在工事全被摧毁，伤亡很大的情况下，打退敌人3次冲锋，击毙敌人200多名。但敌人的炮火仍猛烈轰击，重兵蜂拥而上。15时，石头山、92高地相继失守。101高地成了我高家屯一线最后的一个制高点。15时30分，敌人又投入两个营，扑向101高地。与此同时，敌人又兵分3路攻击我29师阵地，并企图以主力向西迂回。

101高地上燃着火，冒着烟，空气窒息，弹坑累累，碎石成

东北野战军阻击国民党军"西进兵团"的部队组织对空警戒，防敌空袭

堆，我军几乎所有的土木火力点都倒塌不能使用了。敌人又集中全部炮火施以最猛烈的轰击，掩护两个营向 101 高地冲杀上来。

我 4、6 连余部和营部通信班打得只剩 20 多人，就在这毫无遮掩的石头山上，利用弹坑跃进滚出，以密集的手榴弹，连续击退敌人 4 次冲锋。但敌人不顾死伤惨重，从三面合围上来。

此时，我阵地上只剩下 5 个战士，手榴弹已全部打光，立即投入白刃肉搏，终因人少力薄，阵地被敌人占领。情况万分紧急，高家屯阵地失守，敌人必将直逼黑山城下，并进而突破我整个黑山阵地。

28 师立即命令所属 12 门山炮，集中火力向占领 101 高地的敌人轰击，又指令 82 团 1、3 营，统由 84 团副团长蓝芹指挥，立即反击高家屯。

聚集在 101 高地的敌人正为占领了高地而得意忘形时，我军炮火如狂风骤雨般地落了下来，敌人被打得血肉横飞，抱头乱窜。趁此时机，82 团 1 营猛扑 101 高地，3 营分两路攻击石头山

东北野战军第 1 兵团某部由长春地区南下

和 92 高地。经过激烈的战斗，我军终于收回这三个制高点。

当夜，纵队指挥部召开师以上干部会，总结一天的战斗情况，分析了敌人明天可能采取的行动。大家一致认为：高家屯地势重要，敌人主力大部分靠拢黑山东北地区，又经一整天炮击，阵地遍体鳞伤，明显地暴露出易攻难守的弱点。敌人为了争取时间西进，明天势必全力猛攻高家屯。

根据这一判断，纵队迅速调整了防御部署，确定 28 师连夜加强高家屯一线的工事。最后，梁兴初进一步强调纵队党委的决心说：

"明天是决定性的一天，如果说今天我们挨的是千磅炸弹，明天就一定要挨万磅的。但不管压力有多大，只要主力没有赶到，我们就一定坚决守住！"

25 日拂晓，随着敌人一阵大炮的轰鸣，开始了更加激烈战斗的一天。

高家屯阵地仍然是敌人的主要突击方向。敌人调集重炮群，集中向这一线轰击。阵地上炮声一直响个不停，浓烟翻滚。8 时，炮声刚停，10 架敌机随即飞临上空，轮番低空轰炸。接着，

敌人以生力军新 6 军 169 师全部向我 101 高地、92 高地、下湾

为防国民党军重占锦州，担任阻击任务的部队进至黑山、大虎山阵地
子发起猛攻。

迎击他们的，是我顽强的战士势如骤雨的成束手榴弹和密
如火网的机枪火力。敌人一片接一片地倒毙在我军阵地前。我
们的战士在敌炮击时机灵地隐蔽在山后防空洞里，炮击刚停就
闪电般的出现在敌人面前。就这样，在一小时内连续击退了敌
人的 3 次冲锋。

疯狂的敌人丧失了理智，使用了最卑鄙的手段，当我军坚
守石头山的一个排与敌人一个连白刃肉搏时，他们突然用猛烈
的炮火进行轰击。结果，敌人的一个连全部成了"炮灰"，我们
的一个排也全部伤亡，石头山就这样失守了。

接着敌人先后以 6 个营的兵力 3 次夹击我据守 92 高地的 82
团 5 连阵地，激战中，敌人伤亡惨重，我英勇的战士们也全部壮
烈牺牲。

更为激烈的战斗在 101 高地展开了。

25 日 11 时开始，敌 169 师倾全力进攻 101 高地。我 82 团 4、6 连的战士们，在侯长禄营长沉着指挥下，杀得敌人尸横遍野，击退敌人 20 多次进攻，坚持到下午 2 时。

突然，阵地上出现了短暂的沉寂。敌人在玩什么新花样？

战士们向山下一看，只见那些"督战官"手执"金元券"，连声吆喝：

"弟兄们！现在组织'敢死队'，参加者每人奖励 10 万元！头一个冲上去加一番！"

叫喊了半天，仍是一个人未动，那些"督战官"又叫道：

"每人再加 5 万！""加 10 万！"

就这样吆吆喝喝，不知加到了多少万，总算勉强凑成了一支 300 多人的"敢死队"。随着一声炮击，"敢死队"拥上山来了。但他们刚到山腰，就遭到我炮火的严重杀伤。待冲到前沿，战士们投出一排手榴弹，高声喊道：

"国民党抓来的穷哥儿们，你们受骗了！你们在这里卖命送死，丢下妻儿老小谁管……"

战士们的话，唤醒了那些受尽国民党压迫的国民党士兵。任凭"督战官"喊破了喉咙，"敢死队"变成了"怕死队"，溃退了下去。

"金元券"没能挽救敌人的厄运，他们又使上了最后一着：由国民党党徒和尉级以上军官组成一支"效忠党国先锋队"。这些出身流氓、恶棍和地主的顽固分子，现在成了廖耀湘手里的最后一张"王牌"。

101 高地经过两天的炮击，已被削去几尺，变成 99 高地了。当敌人排成一字队形，前呼后拥冲上来时，我阵地上只剩下不

火车、汽车满载支前物资，开往辽西前线

足100名战士了，子弹和手榴弹也不多了。

营长侯长禄沉着地命令特等射手们，首先将敌人的指挥官击毙，然后集中所有火力大量杀伤那群"无头之鸟"。

由于敌众我寡，敌人终于冲上了阵地，于是肉搏开始。这是一场惊心动魄的血战，侯长禄营长高呼："刺刀见血，才是英雄!"带着战士们杀入敌阵，有的用刺刀戳，有的用枪托踹，有的战士几次负伤，仍用双手把敌人掐死，还有的腿负重伤不能站立，就在敌人逼近时拉响手榴弹，与敌人同归于尽。反复冲杀了20多分钟，战士们个个血溅满身，刺刀断刃，枪托打折。敌人"效忠党国先锋队"连滚带爬地溃退了。

尽管这样敌人仍不甘心，一面以猛烈炮火再次轰击我101高地，一面以占领石头山之敌攻进我黑山城北孙家屯，以占领下湾子之敌，迂回占领了我黑山城东的94高地，对101高地形成了三面包围。

面对危急情况，82团军士教导队长张国，机智果断地带领全队学员，趁敌立足未稳，夺回了94高地;82团2营以白刃反

击，驱出孙家屯之敌，进至十里岗子。我黑山城正面威胁虽然解除，但101高地终因弹尽人寡，于下午4时被敌攻占。

黑山门户又一次被敌人打开！10纵队司令员梁兴初认为，101高地务必立即夺回，否则敌人很可能趁势直取黑山。

梁兴初来到城北炮兵阵地，28师晏福生政委告诉他，贺师长已去前边指挥反击去了。这时，可以看到增援高家屯的敌人从胡家窝棚直奔韩家窝棚而来。28师山炮营一阵急袭，把增援的敌人赶了回去。敌人的重炮群马上进行报复，炮弹在阵地前后爆炸了。

25日下午6时，82团全部和84团3营所有兵力，在贺师长亲自进行动员后，在全纵队炮火掩护下，分四路直扑高家屯，6时50分，高家屯一线阵地全部收复。

夜幕又一次降临了。这一天，廖耀湘兵团5个整师的进攻，一次又一次被10纵队遏止了，未能打开黑山的门户。此时，刚解放锦州的东北野战军主力兵团，正由锦州兼程东进。蒋军所谓"主力的主力"的廖耀湘兵团，陷入在狭长的120平方千米的合围圈内，成为我军"瓮中之鳖"了。

26日拂晓，东北野战军总部首长给10纵队发来急电：

"东进主力已到达，敌已向东总溃退。望即协同主力动作，从黑山正面投入追击。"

26日4时，10纵队在大虎山以东地区，全线展开反击。10月下旬的辽西平原上，到处响起了东北野战军主力兵团胜利追击的冲锋号声。

三、百里穿插巧歼敌

锦州攻克后，10月19日长春宣告和平解放，20日10时东

总电函5纵队，说蒋介石已督促援锦的东、西对进兵团继续进攻，企图夺回锦州，打通沈阳与关里的联系。东总命5纵队转移阵地，以诱廖耀湘兵团进入我预设战场。我攻锦主力拟回师辽西，围歼廖耀湘兵团。东总决定：以第10纵队在黑山、大虎山一线设防，担任正面阻敌；第6纵队从彰武、秀水河子地区向南压缩；第5纵队在前自绕阳河，左起新丘、右至巴力嘎苏20余里的正面，后到广裕泉一带的25千米纵深地段上，粘住敌人，

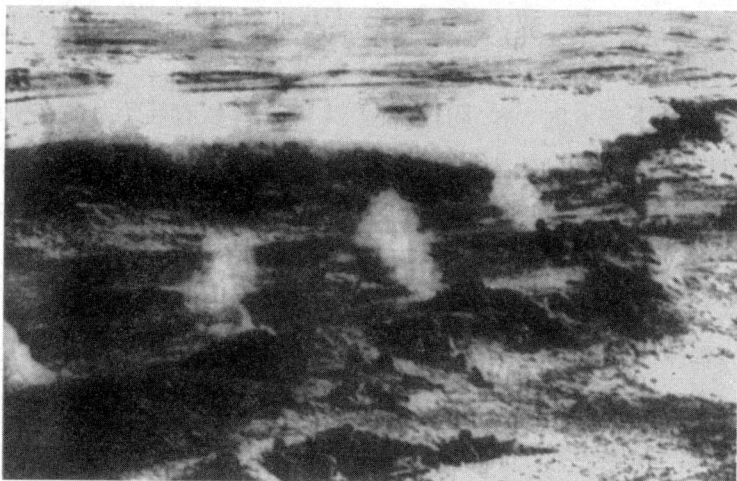

东北野战军某部在黑山、大虎山地区与敌展开激烈战斗

纠缠扭打，为友邻部队设防和主力回师合围歼敌争取时间。

10月23日，位于新民、彰武、新立屯地区之敌廖耀湘兵团，开始猛攻黑山我第10纵队阵地，企图配合锦西、葫芦岛之敌复夺锦州，掩护沈敌实行总撤退。24日19时，东总电令5纵队昼夜兼程，以强行军速度插至新立屯以东塘泡、六合屯一带，配合插至半拉门以西靠山屯一带的第6纵队，阻击敌人回窜沈阳。

时令已届霜降，东北不似关内，此时辽西大地已是寒气袭人。幸亏在阜新时，纵队后勤部及时将缴获的国民党军棉衣从后方运

来，发给部队，才使 5 纵队干部战士免遭风寒之苦。部队乘着朦胧夜色，马衔枚，人闭口，静悄悄地飞速前进。经过 18 小时强行军，两路纵队分别到达指定位置，纵队司令部及时电告东总。

25 日 19 时，5 纵队收到东总命令：5 纵队应立即出发，采取渗透行动，大胆插至黑山东北十里岗子、胡家窝棚一带堵击敌人。已令 6 纵队向大虎山以东十八家子前进。

接电后，5 纵队立即调整行军序列，右纵队改 13 师为 1 梯队，39 团为前卫团；左纵队则由 41 团担任前卫。

26 日 5 时，部队插至二道境子以北 12 公里处，发现卡拉木、孙家岗子两地有敌暂 59 师一部。纵队即令 40 团歼灭卡拉木之敌、41 团歼灭孙家岗子之敌，掩护主力往东南绕道穿插，避免与敌纠缠。

7 时，5 纵队主力到达平安地、大民圈一带。为便于组织战斗，东总电令"5 纵队归 6 纵队统一指挥"。随后，6 纵队给 5 纵队发来命令："建议你纵队以 1 个师控制半拉门防敌东窜，纵队主力集结二道境子南张家窝棚与我纵靠拢，以利歼敌。"

当时，尽管突击方向一再改变，变更机动路线和方向，5 纵队指战员们却毫无怨言，坚决服从命令。于 20 时前，部队先后到达二道境子、半拉门地区，配合 6 纵队堵住了敌人的退路，使廖耀湘兵团数万之众及全部装备陷入我大虎山以东、绕阳河以西、无梁殿以南、台安以北纵横 40 千米的包围圈内。我各路纵队从四面八方，横竖穿插，把敌人冲得七零八落。

为及时把握战机，就地向敌突击，5 纵队司令员万毅、政治委员刘兴元令各团采取"以乱对乱，大胆猛突"的手段，只要对战斗有利，就应当机立断，主动积极地猛插敌阵，寻歼敌人。指战员们如虎添翼，各显神通，主动向东、向西、向南扩张与

东北野战军在辽西地区展开大规模围歼战

渗透，分割敌人，寻机歼灭其有生力量。

5纵队13师沿田家窝棚、十五户、五棵树、靠山屯一线向西南郑家窝棚、茶棚庵、王家、黄家窝棚一带突击，从26日23时30分战至27日17时，共毙伤敌694人，俘敌5373人。

13师39团1、2营插至茶棚庵东侧时，发现该村及其以南的王家已被敌1个团占领。两个村子的敌人同时向我开火。我军1、2营先集中火力压住敌人，然后1营协助2营攻占了茶棚庵，2营又协助1营夺取了王家。

这时，东沙河南面敌军约两个连从西侧向我军1营阵地反扑，1营战士利用村庄和敌人留下的工事防守，一举将敌击溃。

与此同时，河北面敌约两个营涉水抢渡，朝2营阵地凶猛冲击。2营在河岸堤坝一线展开，集中火力扫射渡河之敌，打得敌人狼狈回窜。

在1、2营与敌激战时，张团长带着通信员去接应后面的3营，结果与敌新6军参谋长黄有旭率领的警卫营部分兵力相遇。张团长立即命令刚赶来的3营7连将敌全部缴械，然后，由7连

辽西人民为东北野战军南下作战的子弟兵供应开水、绿豆汤

连长阎春宝带人押送俘虏到二道境子师指挥所。

5纵队14师各团也分别从卡拉木、孙家岗子、黄岱窝棚取捷径插至半拉门地区,阻击新民来援之敌和堵击突围逃窜之敌。从26日24时战至27日14时,共毙伤敌542人,俘敌5649人。

当该师进入指定位置,正忙着构筑工事时,指战员们听到从西面二道境子方向传来的激烈枪炮声,个个急不可待,纷纷请求出击。师决定41团向西出击,协助纵队主力围歼敌人。

41团沿靠山屯、霍家窝棚、程家窝棚攻击前进,途中遇见纵队司令部侦察科科长侯显堂率几名侦察员押着400多名俘虏走来。得知他们是在执行任务返回时,于郭家窝棚将敌军169师1个迫击炮营瓦解了。他们还说,敌军169师残部现正在刘屯。得此情况,我军41团马上奔向刘屯,于24日向敌人发起攻击。敌人是被我友邻部队击溃后逃窜到这里的,立足未稳又遭我军攻击,顿时防御全乱,四处逃窜。我军41团团长王道全率队冲杀过去,俘敌169师师长张羽仙以及官兵2000多人。

5 纵队第 15 师从二道境子以北国家子、田家窝棚西渡东沙河后，插至碰子山便兵分两路，一路向北，一路向南，分别实施攻击。自 26 日 20 时战至 27 日 18 时，共毙伤敌 700 名，俘敌 1792 名。

该师先头部队 13 团于 20 日 20 时，在田家窝棚与敌暂 59 师 1 个营遭遇。副团长郑希和率前卫 2 营一阵猛冲，突入敌阵，与敌展开了激烈的白刃格斗。混战中，郑副团长被五六个敌人团团围住，这位抗日战争时期的战斗英雄，左刺右挡，一口气刺死了 3 个敌人，当他将刺刀刺进第 4 个敌人的胸膛时，被身后一个敌人刺中腰部，他带伤继续战斗。此时，1、3 营从后面迅速

黑山地区人民将衣物和食品送到前沿阵地

插上，和 2 营一道，经半小时激战，歼敌 400 多人。

15 师直属队、机关干部和勤杂人员也踊跃参战，主动出击抓俘虏。敌新 1 军副军长兼新 30 师师长文小山、副师长谭道善、参谋长唐山等几个军官缩在一块洼地里，身边没有一个兵。15 师师部炊事班的战士们发现后，立即围了上去，在我炊事员的扁担下，几个敌军官乖乖地缴枪投降。15 师副政委车学藻立即将捉到俘虏

的情况向万毅司令员报告，万毅随即赶往 15 师师部。文小山见到万毅司令员后，如实地说明了自己的身份，并请求给予保护。

万毅对文小山说：

"我可以保证你的安全，不过，想问你一句，此时此刻有何感想？"

"还有什么好谈呢？"

文小山垂头丧气地说：

"我们好比楚汉相争时被打败了的项羽，前有乌江天险，后有重兵追赶，到了山穷水尽的末路，覆灭的命运已经无可挽回了！"

在围歼廖耀湘兵团的战斗中，5 纵队共毙伤敌 1900 名，俘 1.2 万余人，缴获各类枪支 7100 多枝，各类火炮 320 多门，各类器材一大批。

6 纵队第 16、18 师，25 日夜奔袭至黑山以东厉家窝棚、姚家窝棚时，先头部队正好混入了夺路逃跑的廖耀湘兵团前锋部队新 1 军第 14 师的队伍中。一场阻截逃敌的鏖战开始了。16 师有 9 个连队伤亡很大，有的连队只剩 10 多人。46 团以伤亡数百人的代价全歼敌 1 个营，抢占了姚家窝棚，切断了敌人的退路，该团 2 连 2 排的战士全部壮烈牺牲。18 师 52 团 2 营坚守厉家车站，一天打退敌人 14 次冲锋。6 纵队全体指战员为了全局的胜利，硬是挡住了逃敌，为全歼廖耀湘兵团赢得了时间，创造了有利条件。东北野战军总部特通电嘉奖 6 纵队第 16 师。

四、廖司令成了光杆司令

再说廖耀湘兵团。

26 日早晨，当第 71 军、新 6 军第 169 师与第 207 师许旅在胡

家窝棚以西一带高地交接防务未竣之际，遭到黑山守军与新投入战斗的东北野战军第3纵队的攻击。不久，在胡家窝棚的兵团前进指挥所就听到激烈的枪声，战斗在胡家窝棚以西的高地进行。

就在这时，新3军军长龙天武给廖耀湘打来电话，说他的司令部附近（胡家窝棚与胡日窝棚之间的一个村庄）已发生战斗，在他西边的第71军部队纷纷向后撤退，解放军快打到他的司令部了。

廖耀湘命令他指挥好部队，仍按原计划向营口撤退。

廖耀湘同龙天武通电话以后，马上找新1军军长通话，但电话已被截断，无法打通。8时左右，战况更加激烈，似乎四周围都有枪声。廖耀湘即到邻近的新6军军部去找军长李涛。出门时，只见街上秩序极为混乱，骡马、大车、汽车、部队拥挤不堪，向村东端溃退。

廖耀湘到新6军军部时，李涛也不知道第169师与第207师许旅的确切情况和他们部队的确切位置。廖耀湘要他指挥第169师及第207师许旅的部队，务必暂时稳住阵脚，先确保胡家窝棚以西高地，然后把兵团指挥所、直属部队和该军军部稍往后移至安全地点，再转移至大虎山以东新22师所在地。

国民党军为何如此混乱？原来东北野战军第3纵队及其以北的友邻部队第一棒就打碎了国民党辽西兵团的"脑袋"——兵团前进指挥所。同时摧毁了新3军、新1军及新6军3个军的司令部。因为这些部队都处于行军状态，原来就未建立好通讯联络体系，所以当兵团部及3个军部被摧毁之后，使指挥官陷于无法指挥、不能掌握部队的境地，而部队则因失去首脑，无所适从，以致陷于瘫痪和分崩离析的状态。

上午10时左右，廖耀湘辗转抵达新30师师部，这个师西边即靠近黑山，那边的部队已遭到东北野战军的攻击，但被阻止住了。廖耀湘要新30师就地抵抗，自己先行调整部署，以适应各方可能遭受的攻击，再马上派联络军官在小部队的保护下去南边与新22师取得联系，将情况弄清楚，回来报告。

不一会儿，李涛来到了新30师师部，廖耀湘得知兵团部及新6军军部已被冲散，战斗部队已撤出。该军的第169师在胡家窝棚以东就地抵抗。军长刘建章直接率领第169师，组织部队向解放军反击。

不久，第71军军长向凤武也来到新30师师部报告，他的部队只有一部分被冲乱，主力尚没有大损失，现集结于新30师与第169师之间，即胡家窝棚东南地区。廖耀湘要向凤武回去掌握部队，就地整顿并加以调整，准备就地抵抗，仍归新1军军长潘裕昆指挥。廖耀湘拼命地把应负失去胡家窝棚以西高地责任的师长立即撤职押禁起来，听候处理。

敌兵团部被冲散的官兵也陆续到达新30师师部所在地，少数被俘，大部分逃了出来。

但廖耀湘与新3军、第49军尚未取得联系，也不知道他们的情况，就利用新30师的电台与卫立煌取得联系，向他报告今晨以来所发生的情况，廖耀湘告诉卫立煌，决心继续向营口撤退。

26日下午5时左右，廖耀湘离开新30师师部南行，越过大虎山至沈阳的铁路，于黄昏时刻到达新22师师部所在地唐家窝棚。在那里，廖耀湘与第49军军长郑庭笈通了电话，郑庭笈报告了一些情况，但直到这时候仍不知道该军第105师前卫团的下落。他建议廖耀湘速退沈阳，不能在这里久留，越迟危险越大。并说第14师师长许颖也与他意见一致。廖耀湘问新3军其他两个师的情况，他们都不清楚。廖耀湘要新30师和新22师的电台

东北野战军某部攻占廖耀湘兵团指挥部所在地胡家窝棚

与新3军军部联络，但任凭报务员反复呼叫，始终没有叫通。

由此可见，国民党军之混乱不堪。

在知道上述这一切情形后，廖耀湘考虑兵团下一步的行动：在大虎山以南地区向营口突围还是就地防御以待援？或退沈阳？这时廖耀湘向营口突围的决心有点动摇了，因为他感到东北野战军兵力已经增大，兵团各部都与东北野战军保持着接触。除了第49军一个半师、第14师、新22师、新30师外，其他部队已不能自由行动。所能够使用的机动兵力太少了。

退沈阳，这时候也是一个不易实行的方案。前有大河，后有强大的东北野战军，部队刚离开现在所在地，就可能在行进中被东北野战军层层包围截断。

就地抵抗，这是当天潘裕昆向廖耀湘提出的建议，廖耀湘当时没有采纳，在万不得已的情况下，廖耀湘却比较倾向于这一方案。这虽不是一个好办法，但廖耀湘觉得它比后退沈阳似乎要好一点，因为他还有得到由营口与葫芦岛两方面增援的一线希望。

就在廖耀湘犹豫难决的时候，卫立煌来了电报，说在这样

危险万状的情况下，辽西的部队应立即退回沈阳。

此时的廖耀湘感到极端恐惧，十分羞愧，因为他退营口的主张彻底失败了。廖耀湘拿着电报犹豫不定，这时兵团参谋长说：

"现在正是万分紧急的时刻，卫立煌要你退沈阳，你就依照他的命令办好了，是他要你这样做的，责任由他承担。"

廖耀湘想，出营口的计划已经彻底失败了，现在是否再违背卫立煌的主张一意孤行呢？就地抵抗是否有成功的把握呢？既然没有把握，那就只好服从卫立煌的命令。廖耀湘当时又想，退沈阳可能把新22师、第14师、新30师主力和第49军一个半师拉出去，而由印、缅回来的前3个骨干师——新1、新6、新3军的主力师是就很少希望了。

廖耀湘当时痛下决心，决定经由老达房地区退守沈阳，幻想把这几个师的主力拉出去。

廖耀湘下定决心之后，立即命令无线电台准备好报话机，约好时间与潘裕昆通无线电话。廖耀湘命令他指挥新1军、第71军、第169师及位于他那里直属于兵团的重炮部队，于27日拂晓沿大虎山至新民铁路南北地区向沈阳撤退，在新民以南至老达房之间的地区渡辽河，车辆及不能带走之重炮可以毁弃，在撤退途中遇敌应断然攻击，突破包围。

潘裕昆在接受这个命令时十分痛苦和激动，说：

"这是很危险的，没有把握。"

廖耀湘说：

"这是卫总司令的命令。"

潘裕昆声音有些颤抖地回答说：

"我将尽我的力量去做。"

随后，廖耀湘决定了撤退的部署：令新22师乘黑夜把第一

线各团撤下来为先头师,于27日拂晓主力通过第49军军部所在地陈家窝棚,并在该军部队掩护下向老达房撤退。廖耀湘跟随这个师的先头团行动,准备先到老达房。第49军军长指挥所属部队和新3军的第14师,紧随新22师后尾向老达房撤退。

这一行动开始之后,辽西兵团整个指挥体系立即被解放军打乱,各单位在战斗与行动中再也无法联系。

廖耀湘26日下半夜率新22师第64团先向第49军军部陈家窝棚移动,天还没亮,廖耀湘就到达第49军军部。李涛及兵团参谋长随廖耀湘一同行动,于拂晓前由陈家窝棚沿公路向老达

被俘的国民党军第9兵团司令官廖耀湘(右下)及其官兵

房前进。前面行进的第64团已与解放军发生接触。辽西兵团最后经老达房逃沈阳的退路被截断了,这真是四面八方被围得毫无缝隙,辽西兵团最后被全歼的命运已决定了。

国民党第64团攻击未奏效,反被包围冲散,团长阵亡。当时廖耀湘身边只带着一个新6军的特务连,不到两个排。周围散兵很多,到处乱跑,引来解放军的射击和追击。

为了缩小目标，廖耀湘溜进水渠大堤以北的一个小村庄，准备在那里抵抗到晚上，再雇老百姓带路，从田间小径向沈阳方向逃窜，但那个村庄已被解放军占领，于是，廖耀湘又回到大堤以南的开阔地里。廖耀湘恐人多引起解放军注意，命特务连分成小组分向各个方向警戒隐蔽。廖耀湘同

在辽西战场放下武器的国民党第49军中将军长郑庭笈（前左三）和第195师少将师长罗莘荣（前左二）

李涛等几个人隐匿在一个凹地里，一直至黄昏。

入夜后，分散的特务连这时已联络不上，无法掌握了，最后只剩下廖耀湘、李涛、新22师副师长周璞、新6军军部一个高参和廖耀湘的一个随从副官。万般无奈，廖耀湘决定向南走出包围圈。行动时，廖耀湘的副官找不着了，只得放弃了他。廖耀湘与李涛等4人一同向南再徒步涉过绕阳河通盘山的那条水渠。周璞因涉水不慎，落入一个没顶的深坑，大声呼救，引来解放军巡逻队前来搜索，慌乱中李涛走散了。最后只剩下廖耀湘、周璞和新6军那个不知姓名的高参。3人继续向南行动，绕过一个小树林，那里战斗稀疏进行。然后，又绕过一个不知名的村庄，那里也有一小股国民党军队残部尚在顽抗。天快拂晓，解放军向那个村庄猛烈炮击一阵之后，就冲进去了。

黎明后，3人发现到处都有解放军，就走到了一个外面似乎很平静的小村，一进村就发现有解放军的队伍，走在前面的高参被俘，由于廖耀湘和周璞高参保持着一点距离，此时天还不太亮，所以解放军没发现他们2人。

投诚和被俘的国民党军官兵纷纷主动要求参加东北野战军

天大亮后，廖耀湘与周璞钻进田野中的高粱秆堆里隐匿了一天，夜晚再向南走了一段，白天仍在原野里躲藏休息。看到解放军仍纷纷向各个方向行动，待解放军大队过尽了，廖耀湘与周璞即向沈阳前进。途中遇到一个单独行动的老百姓，给以重金，买了一些便衣与食物，化了装继续赶路，希望在沈阳尚未解放之时到达。

行抵辽河边，廖耀湘旁听路人谈话，得知沈阳已被解放，考虑再三，决心往回走，拟到葫芦岛国民党仍暂时控制的地区去，行至黑山以西，就被解放军抓获了。

廖耀湘毕竟是兵团司令，很狡猾，被送到警卫连后，自称名叫"胡长江"，是湖南湘潭人，和熊式辉是乡亲，随熊来东北后，在政委会当办事员。后来又说他干过20多年交通警察。

该连的卫生员是从国民党军被解放过来的，他以前见过廖，这次一见之下，就指着鼻子问他：

"你不是廖耀湘是谁？在西安阅兵时，对我们讲什么'戡乱建国'的，不就是你廖瞎子吗？"

廖耀湘顿时满脸通红，不知所措，但还不肯承认，胡乱抵赖说："我不是，我不是……廖……我也见过，他和我差不多……但是廖耀湘是秃脑门……我不是胖子，我这衣服里塞的是棉花……我不是，唉！我是……我是胡庆祥。"

事情已经很明显了。警卫连决定把他送到上级机关，让俘虏来认他。

这一下廖耀湘可慌了，他不敢见解放军战士，行军时把帽子拉得很低，又用袖口堵住嘴，只露出一对使人看不清的眼睛，连呼"天好冷"。半路上，他趁着晚间出发的机会，打算偷偷爬墙逃跑，但是立即被发觉了。于是他又企图以乡亲关系，要求该连指导员放他，说："你我都是湖南湘潭人，都是乡亲，放了我吧！你有信我保证给你捎到家。"

11日，他被转送到了后勤部。晚上，该部政委亲自审问他时，这个又是商人，又是办事员的"胡庆祥"或"胡长江"，乖乖地低头承认了：

"我就是廖耀湘。"

辽西会战是解放战争史上最成功的战役之一。10月26日，东北野战军把廖耀湘兵团10万大军包围在黑山以东纵横120千米的区域里。第1、2、3、10纵队、第6纵队第17师和炮纵主力，由黑山正面自西向东攻击；第7、8、9纵队由大虎山南侧自南向北攻击；第5纵队、第6纵队主力和独立2师，坚守厉家窝棚，二道境子绕阳河之线，阻止敌向东突围，并积极由东向西攻击。各纵队采用穿插、分割围歼战术，猛打猛冲，鏖战至28日拂晓，一举歼灭了国民党军早就想拉出去的东北主力，共有新1军、新6军、新3军、第71军、第49军5个军共12个师的

ZHONGWAIZHANZHENGCHUANQICONGSHU

部队，还有一些游杂部队和直属的重炮部队等单位。生俘敌第9兵团司令长官廖耀湘和新6军、71军、49军军长李涛、向凤武、郑庭笈和新1军副军长文小山等将领。

东北野战军缴获廖耀湘兵团的大炮

第四章　雄兵十万围长春

一、兵临城下

1948年10月19日，国民党军新7军军长李鸿和副军长史说率部投诚。21日4时，郑洞国投诚，东北重镇长春和平解放。长春市民和学生拥向街头，载歌载舞，欢庆胜利，欢庆解放。

长春围困战是辽沈战役的一个重要组成部分，也是我军历史上第一个兵不血刃而解放的有坚固防御体系的大城市的成功战例。它从1948年5月23日长春外围战斗结束，到10月19日长春解放，历时5个月。在我军事围困、经济封锁和强大的政治攻势面前，以及我军攻克锦州这一决定性胜利的影响下，长春守敌第60军军长曾泽生率部起义，郑洞国被迫投诚。

长春这座大城市兵不血刃的和平解放了。

长春是怎样和平解放的呢？且听慢慢道来。

长春位于东北的腹地，是贯通京哈铁路、长图铁路及东北境内各铁路线的交通枢纽，战略地位十分重要。伪满洲国曾建都于此，称之为"新京"。

东北野战军执行包围任务的部队向长春外围开进

抗战时期日本帝国主义的关东军占领长春时，曾在城内街道及近郊修了许多永久性、半永久性工事。城中心的主要大楼和主要街道间，都有钢筋水泥的地下坑道连接。

解放战争初期，国民党军进入长春后，进一步加强并增修了不少工事，使长春成为一个有现代化防御体系的大城市。

1947 年，我军冬季攻势开始以后，长春虽然已丢在后方，但敌人仍配备有比较强的防守力量。

1948 年年初，敌东北"剿总"副司令郑洞国来到长春，组成第 1 兵团。敌人在长春的兵力共有新 7 军、60 军以及收编的地方杂牌部队共约 10 万人。

敌人要困守这样一座孤城，一是形势所迫；二是舍不得丢掉这个可以向我东、西、南、北进攻的战略"宝地"，想在我腹地安上一颗钉子，以便牵制我军主力，等待形势的变化。

1948 年年初，在我军冬季攻势即将结束时，为迎接更大战

役的到来，东北局、东北军区利用这一作战间隙，连续召开了政治工作会议、省委联席会议和军事工作会议。辽东军区的几位领导人——陈云、萧劲光、肖华、莫文骅奉命参加了这些会议。

东北局明确提出：1948年的任务是，解放全东北，支援全国的解放战争。

从4月份开始，东北军区总部召开了一系列军事工作会议，中心议题都是为强攻长春，进而解放全东北作思想、组织、战术、技术上的准备。

为实现这一战役目标，东北局决定成立两个前线指挥所：

一个是第一前线指挥所（以后又称第一前线围城指挥所），以原辽东军区机关为基础组成，准备指挥攻打长春；

另一个是第二前线指挥所，以原冀热辽军区为基础组成，负责指挥北宁线方面作战。

东北局指定萧劲光负责组织第一前线围城指挥所。受领任务后，5月下旬，萧劲光即率领原辽东军区机关干部到达长春前线，组成了东北人民解放军第一前线围城指挥所。萧劲光任司令员，肖华任政治委员，陈光、陈伯钧任副司令员，解方任参谋长，唐天际任副政委兼政治部主任。

此时，长春外围战役已结束，郑洞国及其10万军队已被我1纵队、6纵队和3个独立师团团围住。

5月24日，为了对空实行封锁，打断敌人空中增援和逃跑的道路，我围城部队向长春西郊敌最大的飞机场——大房身机场发动了猛烈进攻，歼灭了敌人的守备部队。

占领机场后，我军在水泥跑道上埋上炸药，炸了好几个大坑，将跑道破坏，接着严密布防，控制了机场。

自这一仗以后，我军部队基本处于围城待命状态。

6月，东北局下达了"久困长围、政治攻势、经济斗争"的打长春的总方针、总任务，将短时间内大兵团强攻的方针，改为以小部分主力与独立师久困长围的方针。

原来，在锦州战役前，中央军委、毛泽东曾连续发了100多封电报，督促林彪率主力南下北宁线作战，切断东北与关内的联系，形成"关门打狗"之势。

而林彪始终犹犹豫豫，在中央的一再批评和催促下，最后才执行了党中央的英明决策。

实践证明，主力南下北宁线作战，是党中央、毛泽东着眼于全局的一着妙棋，也是决胜全局的关键性的一着棋。对长春

东北野战军铁道部队在抢修铁路大桥

实行"久困长围"的方针，也是完全符合当时当地的客观实际的。

6月15日至16日，我围城指挥所在吉林召开了师以上干部会议，调整围城部队，全面部署围城工作。

会议根据党中央和东北局的指示，决定采取"久困长围，

展开政治攻势和经济斗争，待其粮弹俱困、人心动摇时再攻"的方针，决定 1 纵队、6 纵队后撤整训，以 12 纵队 34 师、35 师，6 纵队 18 师，以及独立 6、独立 7、独立 8、独立 9 师等 15 个独立师和一个炮团为围城部队，进行接防。

随即，萧劲光发出命令：

为保证攻击长春的战略任务，决定对长春进行军事上、政治上、经济上的围困。总的任务是：断绝敌人粮草，禁止行人进出，控制机场，阻止敌人空运，扰乱敌机空投，并积极歼灭出扰敌人，寻找敌之弱点，逐步压缩敌人，完成攻城战场之各项准备，所有部队皆于 6 月 22 日前进入了指定位置。

二、"断了线的风筝"

我 10 万大军兵临城下。

长春围困战役拉开了序幕。

在长春城外方圆 50 里的地面上，形成了一个封锁区。我 10 万围城部队，筑起了一道坚不可摧的"城外之城"。

10 万敌军成了瓮中之鳖。

但，"瓮中捉鳖"并非易事。

此时，驻守长春之敌约 10 万之众，其中西半部新 7 军是曾骄横一时的蒋介石嫡系部队，有所谓"远征军""王牌军"之称；东半部云南滇系的 60 军，虽到东北后屡屡受挫，士气不振，但还有相当的实力；其余那些由东北的地主武装、土匪杂牌军改编的部队，也非常反动。

这些敌人，只要还有一线生存的希望就决不会放下屠刀，也决不会立地成佛，而是千方百计地进行垂死挣扎。

因此，我军实行"久困长围"的方针，首先是以军事斗争为手段，以强大的军事实力为后盾的。

围城之初，敌人还比较嚣张，小股部队经常出来袭扰抢粮，准备固守。

后来，他们越来越感到问题严重，大概以为固守孤城实在是坐以待毙的下策吧，于是就开始做一些试探性的突围，有几次还有相当的规模。

对于出扰之敌，前线指挥所规定的方针是：

如敌军人数在一个师以下就原阵地迎击消灭；如敌军在一个师以上，则诱敌深入，命令机动部队歼灭之。

7月1日，围城指挥所在李家屯召开师以上干部会议，研究兵力部署、火力配备的问题，特别发出指示，要求加强各结合部的封锁。

敌人进行了频繁出击。

7月3日夜，长春守敌以小部队向我独10师各团阵地出击，被我军击溃。另一路敌军经丁家窝棚向我军出击，但由于其尖兵班集体投诚，其他部队不战而退。

4日凌晨，敌由火磨公司出动约一个团的兵力，向我军独7师谭家营子阵地进犯，冲锋3次均被击退。

6日拂晓，敌人用5个团的兵力分3路向我西南、正南和东南阵地出击。

西南方向的孟家屯车站附近一仗最为激烈。

这一带由于紧靠铁路线，敌人采取小部队多方佯动，寻找我侧翼与结合部，然后集中主力重点出击。

由于6日拂晓大雾，敌人进到距我警戒线三四十米处才被发现。敌人在其据点炮火的掩护下，每次以四五十人为一队，轮

围困长春的部队严密包围，监视敌人的行动

番向我阵地进攻。

我军在这里担任防御任务的一线部队虽只有一个班，但非常英勇。他们沉着应战，顽强还击，坚守阵地，直到主力赶到。

双方激战至下午1时，我军打退了敌人的猖狂进攻，毙伤俘敌共1000多人。

这是敌人最大规模的一次突围。此外，敌人还组织了几次中等规模的试探性突围，均被我打退。

8月16日，围城指挥所召集军事工作会议。根据东北野战军总部指示，压缩部署，进一步围困敌人。

这时，我围城指挥所已改称第1兵团。

为了防止长春敌人突围，第1兵团又调集了十几个独立师为二线兵团，部署在双阳、伊通、公主岭一线以及梅河口至开原一线，把长春重重围住，从而也保证了锦州战役的顺利进行。

在这前后，我围城部队还组织了一些出击。如独7师袭击小南屯敌骑兵1旅，12纵队袭击驻守恩慈医院的敌人。

在围城的3个多月中，我军共进行大小战斗30多次，毙伤

俘敌近 3000 名。

9 月，北宁线上的锦州之战打响了。我军进军的号角震撼了蒋家王朝，也使长春孤城中的敌人濒临绝境。

为保证锦州作战的胜利，我东北各主力纵队均调集前线。围困长春的 6 纵队、12 纵队也奉命调集通江口、开原前线。

此时，围城一线部队只有独立 6、独立 7、独立 9、独立 10 师和后调来的独 11 师，任务更加艰巨了。为增强围困、威慑力量，遂将东北独立第 1、第 2、第 3、第 4 师，内蒙骑兵第 2 师及 14 个独立团调往长春前线，加入围困部署。这样，连同原来的部队，共有 16 万人参加围城，形成了严密的围困和封锁线。

东北我军总部指示，为配合主力北宁线上作战，我围城部队的任务是继续压缩敌人，夺取一切能夺取的敌之外围据点，牵制迷惑长春守敌。如敌突围，坚决在运动中消灭之；如敌继续固守，则选择突破口，构筑工事，为正式攻取长春作充分的准备，以待锦州战役结束后，主力回头打长春。

这时，城内情报源源不断地送来：

蒋介石命令郑洞国率部突围，郑洞国在洪熙街察看地形，敌人连续几夜演习夜行军、急行军，敌人每人发了 3 天军粮，敌军官家属集中于海上大楼，敌将走不动的马都杀掉……这些重要情报说明，敌人确有突围的明显迹象。

于是，我 10 多万围城部队立即紧急动员，准备战斗。不久又获悉，敌人估计我主要防守西南口，于是将突破口选在长春以西，用最精锐的部队新 38 师作试探突围。

掌握这一情况后，我第 1 兵团司令部立即拟定战斗方案。10 月 7、8 两日，敌全副美械装备的新 38 师向我独 7 师阵地全力进攻，企图占领大房身机场，进而在增援部队或飞机接应下突围。

但经我数次各个击破，敌进展甚慢，气势渐挫。

遭此迎头痛击后，长春守敌便缩了回去，突围计划遂成泡影。

此时的长春，飞机不能降落，步兵不能突围，内外联系中断，真正成了一座死城。

围困长春的斗争，是一场非常复杂的全面斗争，最尖锐最直接的还表现在经济斗争上。

实行经济封锁，是我军围困长春的一项重要任务。

我军在通往长春的各交通路口，设立检查站、检查哨，禁止粮食、蔬菜、燃料等一切生活资料和牛马入城，严禁一切走私分子入城，重点实行粮食封锁。

对于军队来说，历来是"兵马未动，粮草先行"。

我军实行严密的经济封锁，就如同卡住了敌人的脖子，把10万敌军的命运掌握在我军的手中。

困守孤城，历来为兵家所忌。郑洞国10万大军要在城内生存下去，吃饭活命是起码的条件。

为了解决这个问题，城内守军绞尽了脑汁。

围城之初，他们经常在长春城外的村庄里抢粮抢柴，储存起来，以备后用。长春城外方圆三四十里的中间地带，无一村庄幸免，粮食都被抢走，老百姓留的种子粮也全被抢走。许多房屋被拆得只剩四壁，房上的草被拉进城去喂马，木板木梁被拆去当柴烧。

后来，我围城部队日益向前压缩，距敌越来越近。

敌人外出抢粮、拆房，只要被我军发现，即毫不留情地打回去，逐渐逼得敌人不敢出城，只好依靠空投补给。

然而，执行空投任务的敌机遭我炮火和高射机枪的射击，

有的来不及空投，就掉转机头仓皇回窜；有的被迫漫无目标地乱投，很多粮食都落到我军阵地或封锁区内了。

这些南方的大米、四川的榨菜、猪牛肉罐头，均成了我军的美味佳肴。

真得感谢蒋介石这个"运输大队长"。

敌军方面，郑洞国专门设立了一个空投指挥所，由敌兵团参谋长杨友梅任总指挥，统一分配投入城内的粮食等物资，规定大部分供给新7军。

60军当然不服，离心倾向日增。

由于国民党军官兵饥饿难忍，谁抢到粮食就私留独吃，这就加深了国民党军内部嫡系与非嫡系军队之间的矛盾，甚至发生械斗。

后来，郑洞国不得不亲自签名出告示：

"倘有不顾法纪仍敢擅自抢藏者，一经查获，即予就地枪决。"

足见国民党军内部矛盾之尖锐。

据当时美联社的一些"专家"分析，空投粮食要20架飞机，每天飞行两次，才能满足长春的需要。可当时的情况是每天12架飞机，以后每天三四架，再以后每周三四架，阴天下雨无飞机，有的飞机还投不中目标。

因此，空投只能是杯水车薪了。

郑洞国后来回忆这段历史时说："当时最头疼的问题就是缺粮。"

在这种情况下，敌人只有加倍地搜刮长春城内50万无辜居民。

长春敌人组织了军政警合一的"战时粮食管制委员会"，将城内的粮食，包括麸子、粮秕、豆粉等，都搜刮殆尽，"管制"起来，统一分配。

由于粮食奇缺，城内粮价飞涨。

围困长春的部队向逃出城区的难民发放救济粮

仅 6 月到 9 月，粮价就上涨了 700 倍。

后来，粮价再高，粮市里也无粮食可卖，有价无市了。投诚的国民党军官兵说，城里买一捆青草都要钞票。金子也不值钱了，一个金镏子只能换一个馒头。

敌人为了减轻城内缺粮的压力，缓和矛盾，还采取了恶毒的"杀民养兵"的政策。他们将骨瘦如柴的长春市民成群结队地驱赶出来。

这给我军带来很大的压力。

我军既要执行封锁任务，又要维护人民群众的利益；既要粉碎敌人恶毒的阴谋，又不能让成千上万的百姓饿死。

显然，这是一个非常复杂的问题。

对此，我军围城对敌斗争委员会专门设立了难民处理委员

会，在前沿和后方设置了大大小小的难民收容所数十个，有计划地收容难民，疏散难民，有的单位还利用难民回去做侦察或瓦解敌军的工作。

在围城期间，难民委员会共发放了 4000 吨救济粮、6 亿元救济金及 500 斤食盐。难民们纷纷组织起来，配合人民解放军封锁长春。

这样，军民筑成了铜墙铁壁，努力做到一粒粮、一根草都运不进长春城。

水能载舟，也能覆舟。自古以来，都是得民心者得天下，失民心者失天下。

敌人的阴谋失败了，饥饿降临到国民党军自己头上了。

8 月初，除新 7 军 38 师每周偶尔能吃一顿大米饭，60 军 182 师能用三分之一高粱米掺大豆吃外，余下的 4 个正规师都发代粮金，由各连自己去买，买到什么吃什么，每人每天发的钱只够买一斤黄瓜，只能熬些菜汤喝。

这样，困守长春的敌军内部，除了共同面临的饥饿危机外，还面临正规军中嫡系与非嫡系的矛盾、正规军与地方军之间的矛盾、广大受害市民与国民党军的矛盾都异常地尖锐起来。

长春城内，人心浮动，朝不保夕。

郑洞国惊呼：

"长春像一个断了线的风筝。"

敌人内外交困，呼天不应，叫地不灵，士气大跌，军心浮动。

在这种情况下，我军又展开了强大的政治攻势，敌人内部开始分崩离析。

一个大规模的群众性的政治攻势在我军部队中迅速展开。

围困长春的部队采取多种形式开展政治攻势。这是某部在阵地前沿向敌人喊话

广大指战员以高昂的政治热情和无比的智慧，创造了多种宣传形式。如广泛的阵地喊话，开始经验少，单纯用嘴喊，声音又小又容易暴露。后来，大家做土喇叭，利用各种掩蔽物喊话，有的还发明了"弯形长话筒"，用长竹筒绑成弯曲的形状，一直通向敌人阵地前沿。这种办法既安全，效果又好。部队还在护城河内放宣传木船，将宣传品送到敌阵地上；缝制慰问袋，内装宣传品，开展过节送礼活动；给敌人送饭，请敌人过来吃饭，将食品和宣传品同时送给敌人。

强大的政治攻势涣散了敌人的军心，大量敌军士兵逃出城来投诚。

敌人为了抵制我军的政治攻势，不得不搞些反宣传。

敌人组织起"政工队"到阵地前沿骂阵，在部队实行"连坐法"等。

但这些终究抵挡不住正义的力量，逃亡投诚者与日俱增。

开始，逃过来的人多是土匪杂牌部队的，正规军的较少，特别是新 7 军 38 师这个一贯妄自尊大的国民党军嫡系部队，逃

在东北野战军强大的军事压力和政治攻势感召下，一批批国民党官兵逃出长春投诚。这是向他们发回家路费和证明

亡投诚的更少。

为改变这一状况，我军分析研究了敌 38 师的人员情况，针对该师多是关内人，思家心切的心理特点，有针对性地组织喊话：

"你们是怎样来当兵的？"

"你们的家庭、父母妻子在盼望你们。"

"你们为谁卖命？又是为谁死？"

"长春内无粮草，外无援兵，没有前途了。"

"你们出来，我们一定发路费，放你们回家。"

这样的喊话，起了很大的作用，效果显著。

敌 38 师中投诚的日益增多。

过来的士兵纷纷说：

"你们喊别的都没有什么效果，就是一提家，我们就流泪。"

我军在解放吉林时，收容了 60 军暂 21 师一个团长的老婆和暂 52 师师长李嵩弟弟的老婆。我军对她们进行教育以后，派人送她们进城，后来还设法找到了李嵩弟弟的孩子，也送进去，给敌军内部以很大的影响。

李嵩的弟弟感动地说：

"共产党是自古以来最好的仁义之师，蒋介石使我妻离子散，共产党使我家人团聚。"

这些，对 60 军以后的起义也起了很好的作用。

在我军强大的政治攻势面前，城内敌人纷纷投诚。从 6 月 25 日至 9 月底，我军共接收敌军投诚官兵 1.35 万余人。到 10 月中旬增至 1.8 万人。

在大规模的群众性的瓦解敌军工作的同时，在另一条战线，即在敌军内部，尤其是 60 军，策反工作也在进行着。

60 军原属云南滇系，早在抗日战争时期，我党就派有几位共产党员在这支部队中工作，使 60 军受到革命思想的影响。

1945 年，蒋介石强行收编这支部队以后，便将他们送往东北战场打内战。

党中央正确分析了全国的形势，特别是正确分析了敌人内部嫡系与非嫡系之间的矛盾，精心布置了争取滇军起义的工作。

1946 年 4 月，朱德总司令、刘少奇亲自找刘浩谈话，作了如何争取滇军起义的具体指示。朱总司令还以滇军旧同僚的身份，亲自给滇军将领孙渡、卢浚泉、曾泽生写信，要他们发扬滇军护国的光荣传统，站在人民一边。

刘浩受中央委托来到东北后，与在滇军中的我地下党组织取得联系，做了大量的工作。

ZHONGWAIZHANZHENGCHUANQICONGSHU

我军还将被俘军官中经过教育表现较好者，放回城去做工作。如在梅河口战役被俘的敌 184 师团长张秉昌、李峥先等，就是这样有计划地放回去的。

为加强策动 60 军起义的工作，东北局还委派 1946 年 5 月在海城起义的原 60 军 184 师师长潘朔端为第 1 兵团副参谋长，同时委派我党长期做滇军工作的刘浩、杨滨主持东北军区联络部前方办事处的工作。

潘朔端利用各种关系，给城内上层军官写了不少信。刘浩也化装秘密进城做上层的工作。

在 60 军中，以孙公达为首的地下党组织，在此期间积极工作，扩大影响，发展了一批党员，为 60 军起义创造了条件。

10 月 14 日，我军对锦州发动总攻，经 31 个小时的激战，全歼守敌范汉杰部 10 万余人。

锦州大捷，引起东北战局的急剧变化。10 月 15 日，蒋介石在长春空投手令，要郑洞国立即突围，并以"如再迟延有失机宜，陷全盘战局于不利，该副总司令、军长等，即以延抗命令论罪，应受到严厉之军纪裁判"相威胁。

长春敌人已经日暮途穷了。

这种形势，也加速促成了 60 军的起义。

三、中央银行大楼，旗升旗落

10 月 14 日，我军派遣入城的张秉昌、李峥携带国民党 60 军军长曾泽生、60 军 182 师师长白肇学、60 军 21 师暂师长陇辉的联名起义信，来到我兵团政治部所在地。

政治部主任唐天际与潘朔端、刘浩等研究了信的内容，认

东北野战军第1兵团司令员萧劲光（左2）、政治委员肖华（左1）在指挥部欢迎起义的原国民党军第60军军长曾泽生（左3）

为比较可靠，便向兵团司令部报告。

这时，我兵团司令部正在开会，研究部署打敌突围问题。

对曾泽生的起义信，有一部分领导同志持怀疑态度，认为曾泽生要花招，以假降骗人，实质是想突围，主张不予理睬。

刘浩认为，就他与陇辉等的接触来看，国民党60军在当前走投无路的情况下起义是可能的，提出愿意冒险进城商谈起义。

萧劲光认真分析了当时的形势，认为刘浩的意见是正确的，不应放过任何一个机会。如果能争取60军起义，对解放长春将有决定性意义。退一步说，如果他们以此为手段突围，也没有什么了不起的，我军完全有力量把他们消灭。

于是，萧劲光即与大家商定，一面把情况向东北局报告，一面派解方参谋长与刘浩一起去向张秉昌、李峥先转达以下意见：

对60军起义表示欢迎，同时请曾泽生派正式代表出城商谈

第60军起义后即开赴九台，接受解放军改编。图为曾泽生（左三）与李树民（左一）、刘浩（左二）、杨滨（左四）在一起起义。

与此同时，我军也布置了防敌突围的准备工作。

东北局接到报告后，即电示，应相信60军是真起义。

10月16日夜间，国民党60军派暂21师副师长李佐和182师副师长任教中携带蒋介石15日的空投突围手令和郑洞国的突围计划出城，作为曾泽生的正式代表与我方商定起义的具体计划。

唐天际向他们转达了兵团领导的意见，欢迎他们起义，起义后的待遇与解放军完全一样，并对他们提出要参加打新7军的要求给予答复：国民党60军被围时间已很长，官兵们吃不饱，身体虚弱，不必参加解决新7军的战斗了，起义后即可出城。

曾泽生得知我军的意见后，十分高兴，17日便亲自与进城

的刘浩一起出城，与我军最后商定防务交接计划。

17日午夜12时，按照预定计划，国民党守军第60军军长曾泽生率军部及182师、暂21师、52师共2.6万人起义。我接防部队独立第6、第8师悄然进城，接管长春东半城国民党60军的防区。60军同时撤出城外，开往九台休整。

进城部队秩序井然，交接防一切顺利。

天一亮，纵贯长春市南北的大同街以东地区成了我军的天下。

起义的当天，萧劲光与肖华等在兵团司令部会见了曾泽生军长及部分起义将领。萧劲光握着曾泽生的手说：

"你率部起义，我们竭诚欢迎，今后我们是一家人了。你们丝毫不孤立，前途是远大的。起义部队的政治、经济待遇和解放军一样，不受任何歧视。"

曾泽生军长十分动情地说：

"我感谢共产党对60军4万余众的争取和挽救，今后绝对服从共产党的命令，接受教育改造。"

萧劲光看曾泽生比较拘谨，就笑着说：

"你在思想上不要有什么顾虑。你打过日本侵略者，还有战功嘛！今后对我们有什么意见和要求，都可以坦率地讲，一家人了，要情同手足，并肩革命。"

萧劲光与肖华同曾泽生军长在一起照了相，以后东北电影制片厂还来拍摄了名为《民主东北》的记录影片，来记述这一段历史。

后来，这支起义部队被改编成中国人民解放军第50军，在后来的解放战争、抗美援朝战争中表现都是好的。

60军起义后，郑洞国的后院起火，长春守军更加孤立。

1948 年 10 月 18 日，中央军委副主席周恩来亲拟电报给郑洞国，指出：

> 目前，全国胜负之局已定……兄今孤处危城，人心士气久已背离。蒋介石纵数令兄部突围，但已遭解放军重重包围，何能逃脱？曾军长此次义举，已为兄开一为人民立功自赎之门。届此祸福荣辱决于俄顷之际，兄宜回念当年黄埔之革命初衷，毅然重举反帝反封建大旗，率领长春全部守军，宣布反美反蒋，反对国民党反动统治，赞成土地改革，加入到中国人民解放军行列……

电报抄好之后，第 1 兵团司令部即派代表通过关系送进城去。

蒋介石令东北"剿总"中将副总司令兼第 1 兵团司令官郑洞国从长春突围的代电

但这时，郑洞国还颇有一些"正统军人"的愚忠愚孝思想，不肯起义。

然而，防守长春西半部的新 7 军却已土崩瓦解了。一些部队已经与我军进城部队直接接触。在大同街两侧，有的部队与我军的电话线已经架通，有的官兵过来与我军一起吃饭，从上至下都要求放下武器，纵然其长官一再命令突围，已全然无人听命。

真是"无可奈何花落去"，众叛亲离了。

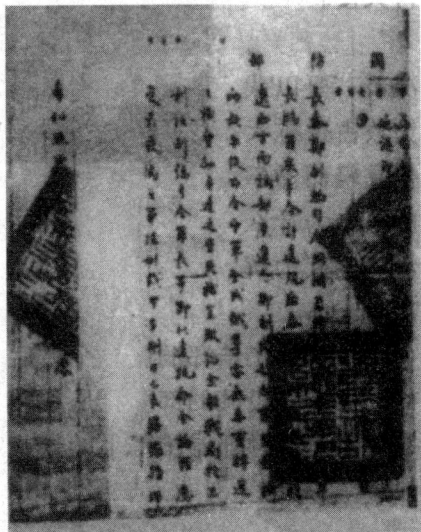

18日，新7军派代表与我第1兵团洽谈，达成了投降协议。

19日上午10时，按照预定方案，国民党守军新编第7军军长李鸿率军部及新编第38师、暂编第56师、第61师向我投诚。我军接收了长春市的西半部。

至此，长春市已全部解放，只有郑洞国与其卫队还占据着中央银行大楼。

从当时情况看，要以武力攻占这栋大楼是轻而易举的事，为什么没有用武力解决呢？

郑洞国（中）、范汉杰（右）、廖耀湘（左）被俘后都进了哈尔滨解放军官教导队学习

一是为了给郑洞国一个最后投诚的机会，减少一些生灵涂炭，对起义投诚的部队也是一个教育。

二是照顾郑洞国部下的处心积虑。为了使郑洞国能"体面投降"，其部下对我方代表提出以大楼为据点，"抵抗"一两日后再降，并要求我军发布郑洞国"负伤被俘"的消息。

因此，双方商定21日晨4时，郑洞国率其卫队投降。

21日凌晨，萧劲光带着部队接近中央银行大楼，准备接受郑的投降。4时，突然枪声大作，中央银行内的敌人向外无目标地射击，枪打得很高。天亮时分，从沈阳方向来了几架飞机，在高空绕了几圈后就回去了。

不一会儿，枪声停止，敌人打出白旗，郑洞国率部投降。

中央银行大楼——敌司令部，青天白日旗落下，换上了鲜艳的红旗！

长春最后一个敌据点回到了人民的怀抱。

东北"剿总"副总司令兼第 1 兵团司令官郑洞国
（右上）及其部下放下武器向我围城部队投诚

长春全部和平解放了。

事后萧劲光等人问郑洞国为什么这样做。

郑洞国说："不得不从长计议。"

据说，枪响时，郑洞国打开报话机，向蒋介石作了"曾叛李降，弹尽粮绝，退出中央银行大楼"的最后交代。

说来也巧，郑洞国所率领的守城部队是国民党第 1 兵团 10 万人，而我围城部队的番号和实力也恰好是第 1 兵团 10 万人。历史有时就是这样富有戏剧色彩。

郑洞国率部投诚后的第二天，萧劲光与肖华在四家子兵团司令部会见了他。

谈话中，萧劲光和肖华对他放下武器表示欢迎，并希望他能加入中国人民解放军的行列，为人民的解放事业做些事。

郑洞国当时十分沮丧，心灰意冷地表示，从此解甲归田，做老百姓。

会见以后，萧劲光和肖华以丰盛的饭菜招待了他。饭后，

东北野战军第1兵团某部的司号员们吹响军号，庆祝长春解放

长春人民群众庆祝东北解放的游行队伍

他道谢说：

"几个月来我是第一次吃这样好的饭菜。"

据战士们目睹，接收中央银行时，郑洞国的桌子上放着吃剩的马骨头，足见当时长春的困境了。

第五章　东北地区日月重光　凯歌高奏

一、解放抚顺

1948 年 10 月 19 日，守长春的东北"剿总"副总司令兼第 1 兵团司令郑洞国所属部队新 7 军等部向我军投诚，21 日，郑洞国率其兵团部向我投降，长春解放，辽沈战役第一阶段至此胜利结束。

在新的形势下，我东北野战军第 1 兵团首长召集 6 个独立师及第 12 纵队的领导开会，确定第 12 纵队全力向鞍山前进，截断敌人从营口海上逃跑的退路，6 个独立师向沈阳东南开进，力争尽快夺取工业重镇本溪市。

我军独立 10 师为前卫，经公主岭（现为怀德县）、四平、昌图、开原南下。部队斗志异常高昂，日夜兼程，行至章党被浑河所阻。这时得知抚顺市区有跨河的两座桥，一是通火车的铁桥，一是人行公路桥。

我军打本溪，通过抚顺是直线近路，但抚顺有敌驻守，这就不单是过路而是攻城歼敌了。如何更好地捕捉战机？当时情

况是紧迫的。师长赵东寰召开领导干部会，和副政委蔡明、副师长邓忠仁、参谋长王玉峰等研究作战方案，决定强攻抚顺，并立即起草电报，发特急电报给兵团首长。

独立 10 师对敌军的分析判断是：抚顺之地形四面环山，市内守敌是 1 个守备师，兵力大体上与 10 师相等，但我军是胜利之师，敌人是失败之师，思想情绪大不一样。我军突然袭击，易于成功。如敌顽强抵抗，马上攻不下来，我军还有后边 5 个师的增援。当时知道，沈阳用电是靠抚顺供应的，如果我军一举攻克了抚顺，切断了通向沈阳的电路，对于我军主力解放沈阳就能创造有利的条件，又可保障我第 1 兵团后续部队通过浑河的行动。

根据敌我情况综合分析，发起攻击之后，如无特殊变化，估计 4 至 6 个小时可以解决战斗。

按照抚顺敌情和地形，我军决定采取纵深配备、一点突破的战法。先突进市内再向外扩展，外围只派少量部队进行袭击。

东渡辽河的东北野战军追击部队

153

决心一下，师部即令 28 团由东门实施突破。该团接近市区后，于 23 时以强大火力开始攻击，激战 15 分钟，即突破了东门，乘胜巩固突破点，像尖刀一样插向市中心，迅速占领了敌河北区政府，控制了电话分局，利用电话，宣传我军政策，规劝敌军赶快缴械投降，走向光明道路。主力部队积极由内向外扩展，强攻河北山上敌人的阵地，外围部队亦积极配合攻击，迫敌纷纷缴枪投降。

敌守备师指挥所设于河南区，有重兵据守着两座桥头堡垒。我 28 团 2 营 5 连的任务是夺取公路桥北边的堡垒，该连连长、指导员亲率突击队，以火力封锁敌堡枪眼，5 连其他同志在枪林弹雨中个个顺桥急进，胜利夺取了桥头堡，并向南市区迅速挺进。29 团也赶了上来，与 28 团战友协同作战，很快攻占了伪公安局，解除了伪公安干警的武装。这次战斗也确实和以往战斗不同，敌军大部分都在抚顺四周的山上工事内，市区内敌军不多，抵抗力很弱，我军攻势迅猛，敌已无招架之功，至拂晓时分，市区之敌即基本肃清。

我军 10 师指挥所于 10 月 31 日 4 时，进驻南市区公安局大楼指挥战斗，并连续向兵团总部报告战斗进展的情况。兵团首长不仅批准了 10 师攻取抚顺的方案，还表扬了 10 师主动地捕捉战机的行动。10 师首长又把兵团首长的鼓励及时传达给部队，指战员们士气更加高昂了。

此时，敌守备师指挥所已撤逃至南市区一个纪念碑后的地下工事中。我 28 团组织火力，将敌指挥所团团围住，连续猛攻，一些敌人举起白旗投降，我军冲进工事，敌师长周仲达成了俘虏。山上工事内残敌失去指挥，纷纷投降。

战斗胜利结束，抚顺市解放了。兵团萧劲光司令员和肖华政委非常高兴，在听取了 10 师领导的简短汇报后，根据中央《关于军事管理问题》的指示，于当天即任命赵东寰为抚顺市军事管制委员会主任。11 月 1 日，我军就贴出了安民告示，号召残敌向军管会缴械投诚，交通警察照常值班，恢复交通秩序。号召全市居民安心生活，矿工坚持下井生产，商业人员照常开门营业等。

我 10 师在占领抚顺发电厂之后，当即断绝了给沈阳市的电力供应，给东北野战军领导发出的电报中说：什么时候我军和敌人在沈阳谈判时我们再送电。回电对此深表赞许。我军一切断电源，沈阳之夜即成了黑暗世界，自来水没有了，吃饭成了大问题，连上厕所大小便也困难了，真是狼狈不堪。电网成了废网，电动设备完全停滞，特别是敌机械化部队行动更受威胁，

东北野战军某部追歼向营口逃窜的国民党军

战斗力大受影响，摆脱困境更加艰难。

抚顺之战，我军毙伤敌 500 多人，俘敌师长以下 4300 多人，仅少数敌人在市区和山上逃散。缴获各种火炮 21 门，轻重机枪

ZHONGWAIZHANZHENGCHUANQICONGSHU

237 挺，长短枪 3000 多枝，汽车 14 辆。我军仅伤亡 204 人。

二、解放营口

10 月 26 日，我 9 纵队经过 6 昼夜的强行军，由锦州战场来到了大虎山附近。突然，机要科科长李峰送来了一份"东总"的十万火急电报。其内容是：

敌有打通营口从海上逃跑的趋势，你纵队火速赶到营口，断敌逃路，待第 7、第 8 纵队赶到后，由第 9 纵队詹、李统一指挥第 7、第 8、第 9 纵队攻占营口。

接到电报后，9 纵队领导立即进行研究，感到情况十分紧迫。据当时我军部署，9 纵队领导知道在营口及其附近，没有我 1 个野战军纵队。10 月 22 日虽曾派辽南独 2 师去营口，24 日又被调回参加辽西会战。这就意味着，对于进占营口企图从海上逃跑之敌，我军暂时无力阻止。同时，敌人从沈阳南逃营口，不但距离比我 9 纵队近，而且一路可以车运。而我 9 纵队南下营口，必须越过绕阳河、辽河、浑河、太子河，对大部队行军极为不利。敌人则完全可能先我占领营口，已经成为"瓮中之鳖"的东北残敌就难免部分漏网，整个辽沈战役的全胜必将受到影响。

军情紧急，刻不容缓。我纵队立即命令 25 师为前队，经台安东渡辽河，直取营口，从正面钳制敌人；26 师继续协同兄弟纵队围歼廖耀湘兵团，战斗结束后沿 25 师行军路线直奔营口，为纵队预备队；27 师为左梯队，首先攻占海城，切断沈阳之敌

东北野战军解放东北重要港口营口市

南逃退路，然后以主力南下营口。

争取时间就是胜利。从锦州算起，部队以每天160里的速度已经连续行军七八天了，大部分干部、战士的脚下磨起了血泡，有的因为疲劳过度晕倒。然而，战士们一听说敌人占领了营口准备逃跑，立即把疲劳、疼痛全部抛到了九霄云外。他们把对敌人的仇恨和对胜利的渴望全部寄托在自己的两条腿上，全纵队只有一个信念：尽快赶到营口，抓住敌人，为东北全境的解放立新功。一天，纵队李中权政委偶然发现一队队的战士拉着绳子向前行进，一了解才知道战士们确实疲劳极了，有的走着走着就睡着了。为了防止掉队，有的连给每个班发一条绳子，班长牵着绳头，副班长捏着绳尾，战士们在中间，可以边走边打瞌睡，防止倒下去。

多么自觉的战士，多么感人的情景啊！

突然，只听"轰"的一声，只见纵队詹才芳司令员坐的美式吉普车被抛得老远。他的心顿时紧缩起来："詹司令，你可千

被击毁的国民党军运输船只

万不要出事啊！"李中权立即让司机停车，跑上前去，只见詹司令的吉普车尾部已经弹痕累累，詹司令却安然无恙。原来，敌人撤退时沿途埋设了不少地雷，尽管我们的工兵进行了探测，但由于时间紧急，来不及排除，只用石灰做了记号，时间一长，记号也不清了。幸亏当时车速较快，地雷爆炸的瞬间，车子已过，巨大的气浪把车子抛了出去。

经过连续几天的昼夜兼程行军，我9纵队各路部队纷纷逼近营口。25师已于10月30日到达营口远郊，并迅速投入肃清外围守敌的战斗。该师除以73团围歼前后石桥之敌外，主力则向东西老边、韩家学房、白庙子一线集结；27师攻占海城后，主力于31日南下，在切断营口与大石桥之敌的联系后，迅速进至三、四道沟和五台子附近；26师也紧紧赶了上来，主力集结于老边、姜家房一线，为纵队预备队。

这时，李中权已经得知，我军于28日全歼廖耀湘兵团后，立即兵分两路：1、2纵队向北、向东进逼沈阳，切断了沈阳守

敌的逃路;第7、第8两纵队南下营口,"东野"令詹、李统一指挥第7、第8、第9纵队攻占营口。

11月1日,我9纵队各师按计划开始行动。经过一天激战,25师占领了营口东南,27师占领了营口西南,26师掩护一个重炮团占领了营口以北的阵地。

2日拂晓,晨雾笼罩着营口市的上空。9纵队攻城准备一切就绪。7时整,总攻的命令从纵队指挥所发出,三路部队像离弦之箭,迅速突破了敌人的层层防线,向市区猛插。

从东南方向发起攻击的25师于邵家屯突破敌防线后突入市区,一直向北攻击前进,仅用30分钟时间就攻占了海关码头。东部之敌在我渗透分割包围之下,迅速被歼。

在西南方向发起攻击的我27师一部迅速攻占了西海口小高地的炮台,控制了海岸阵地及海口。该师主力于五台子突破后绕过小股敌人的抵抗,向海岸方向猛追,断绝了敌人的逃路,将其大部歼灭于海滩。与此同时,我26师和独2师也攻入市内,扫荡被分割包围的残敌。我军向已登船之敌猛烈射击,一艘满载3000多人的敌运兵船被我炮火击中,发生了剧烈的爆炸,船上蒋军几乎被炸死或烧死。

战斗至10时全部结束,计歼敌第2师全部、第25师1个团及军部直属1个人力输送团,共1.4万余人;缴获各种口径大炮88门,轻重机枪301挺,长短枪2574枝,美式卡车66辆;击沉敌运兵船1艘,帆船22艘。仅敌52军军部及25师大部从海上逃脱。至此,营口又重新回到了人民的怀抱。

三、解放沈阳

廖耀湘西进兵团被歼后,国民党军东北主力消耗殆尽,辽

参加辽西围歼战的东北野战军某部发扬连续作战精神，挥师向沈阳进军

沈战役进入尾声。此时，沈阳已成为一座孤城，解放沈阳胜利在望。当时摆在东北我军面前的主要任务是如何不让沈阳的十几万敌人逃脱，取得辽沈战役的彻底胜利。

沈阳之敌虽然有十几万人，但主力不多。坐镇沈阳的东北"剿总"司令卫立煌，自从廖耀湘把"精锐"部队调走支援锦州后，便如履薄冰，跋前疐后，至锦州失守，廖耀湘部队于辽西走廊全军覆没，就更是六神无主，陷于绝境了。

这时，蒋介石虽已看出东北败局难以挽回，但还想作垂死挣扎。

10月26日，在廖耀湘兵团即将被歼之际，蒋介石曾带着得力干将杜聿明飞抵沈阳，与卫立煌等共谋良策。但终因大势已去，是出援，是撤逃，还是坚守？众将领进退两难，且各怀鬼胎，"良策"难出，蒋介石只好一走了之。

蒋介石和杜聿明拍屁股走后，卫立煌自知沈阳不保。三十

东北野战军骑兵部队向沈阳急进

六计，走为上策，他借口向总裁"面陈机宜"，把沈阳防务草草交给第8兵团司令周福成，便于10月30日下午4时许，趁周福成去东陵视察防务之机，坐上飞机逃之夭夭了。周福成得知后非常气愤，马上给蒋介石发电告状，说卫立煌不辞而别，临阵脱逃。

10月29日，2纵队6师收到军部"十万火急"电报：廖耀湘兵团已被歼，残敌向营口方向逃窜。沈阳之敌也有向营口撤退的迹象。2纵队要配合兄弟部队向营口、鞍山进击，坚决不让敌人从海上逃走。6师东渡辽河后，进抵辽中县冷堡地区集结。10月31日清晨，部队向鞍山、营口方向前进，刚赶出几里路，又接纵队"十万火急"电报：据悉，沈阳之敌已无南逃状，似欲坚守。为了不使敌人有喘息之机，总部命我纵队快速折回打沈阳，同时受命攻击沈阳的还有第1纵队、第12纵队及辽北、辽南军区的独立师。主力第1、第2纵队由第2纵队司令员刘震统一指挥。

接到命令后，6师领导和作战、侦察、通信科科长等一起开

会，决定调整部署，轻装简从，向沈阳跑步前进。会后用电话和骑兵快速地传达了命令。行军序列为 16 团、师指挥所、17 团、18 团。后勤辎重及一切轻装物资由警卫营派一个连护运，尾随跟进。

部队朝沈阳进发后，发扬能走能打、吃大苦耐大劳的作风，一溜小跑前进，展开了行军比赛，行军速度要求每小时不少于 15 华里。

沈阳这一仗，虽说是关门打狗，但并非探囊取物。关键是要快，不给敌人以喘息的机会。

我军 6 师张竭诚师长和李少元政委及作战科科长宋东华等，带骑兵先行。途中见到了纵队司令员刘震、政委吴法宪和主任李雪峰，张竭诚把情况简要作了汇报。刘司令员说：

"现在沈阳之敌军心惶惶，士气瓦解，部署已乱。要趁热打铁，快速进攻，越快越好。吴信泉副司令员已在前面指挥 15 团

多路大军攻进沈阳

从铁西突破，你们速去那里接受任务。"

张竭诚一行快马加鞭，飞驰到铁西区西边一个小村庄，见

到了吴副司令员，吴司令员欣喜而急切地说：

"你们来得正好，现在就是需要部队。"

随后，他向6师领导介绍了情况和布置了任务：5师15团由团长高克指挥；1纵队3师由刘贤权师长指挥，从铁西区突破向纵深发展进攻；5师13团配合12纵队由南向北进攻敌207师；辽北军区聂鹤亭司令员、陶铸政委、赵杰副司令员指挥的独立师等部队从北向南和从东向西进攻。4师和1纵队1、2师正在向沈阳急进中，也快要到了。沈阳以西敌人两个骑兵旅已投降。交给6师的任务是自铁西进入，经城南两孔桥向老城进攻，与位于城东南的独立师会合。并以一部兵力进攻南湖和浑河桥，从敌207师背后打去，配合5师及12纵队围歼仍在顽抗的207师。吴副司令员还特别指出，独立师实力弱一点，要6师多挑重担，注意好好配合。

我军6师部队经一个白天的急行军，于10月31日下午3至4时先后到达沈阳西南郊。根据吴副司令的命令，师部立刻确定了战略部署：以16团向老城故宫一带进攻。对这个方向，张竭诚特别向薛复礼团长、杨弃政委交代了两件事：第一，务必注意保护好故宫，避免损坏；第二，据悉，国民党军第8兵团司令周福成的司令部就设在故宫附近，要注意围捕，严防漏网，17团及师炮兵营担任配合兄弟部队围歼207师的任务，18团穿过市区向东陵进攻，与东面的独立师会合，并保护好工厂。

11月1日拂晓，我攻沈部队从四面八方突入沈阳市区，敌人纷纷请降，攻城进展顺利。胆子大点的老百姓，开门上街，高兴地议论着：

"国民党部队都插小白旗儿啦！"

"看样子不打啦！"

东北野战军攻沈部队占领沈阳火车站

事后得知，还在沈阳解放前几天，不少当地开明绅士和国民党将领，在我地下党的积极工作和推动下，四处奔走，争取和平解放沈阳，终因周福成等人顽固作梗而未成功。

待我军攻城时，许多国民党部队已不听周福成的命令，各讨方便，自找出路了。新编第1军暂编第53师师长许赓扬率部起义，开向指定地点集结待编。周福成的东北军老底子第53军的116师、130师，除个别部队稍作抵抗外，均为我军让开进城之路，听候缴械。有些国民党部队，主动把重要工厂保护起来，以示立功赎罪。唯有207师还在顽抗。这个师是青年军，蒋介石的嫡系，据说官兵大部分是国民党党员，是所谓"党化"了的部队。但就是这个207师也不是铁板一块，它的那个炮团就向6师17团投诚了。

11月1日下午，17团位于浑河以北正在协同兄弟部队围歼仍在垂死挣扎的207师残部。忽然，有两个国民党军官打着白旗找到17团团部，一个自称是207师作战室主任，姓李；另一个

是该师炮团副团长。他们说要率炮团向2纵队投诚，希望能给予通融。经17团介绍，6师组织科科长王千祥接待了他们。王科长问明情况后，觉得事关重大，便向师部作了汇报。师首长决定接受投诚，并向纵队作了报告，吴信泉副司令员指示，一定要处理好。第二天一早，这两个人果真把207师炮团连人带炮拉出来了。师责成17团接受了他们投诚。数十门完好无损的大炮排列整齐，掌握在我军手中，开始为解放战争效力。

攻打沈阳的战斗，后期主要是接受起义、投诚和抓俘虏了。沈阳守敌有13万余人，好多部队最后溃不成军，"放羊"了。至11月2日，16团在老城内外俘敌4000多人，其中有一大收获，他们把周福成及其随从围俘了；17团配合5师和12纵队全歼207师1个师及两个旅，该团俘虏了7000多人；18团俘敌2000多人；师警卫营、侦察连俘敌千余人。全师共俘敌1.4万余人。师教导队队长王秀法对张竭诚说，他那个一百多人的教导队竟看押了4000多俘虏，开始并没有这么多，后来滚了"雪球"，好多国民党散兵流落街头，凄凄如丧家之犬，惶惶如漏网之鱼，因为国民党部队垮了，没有人给饭吃，俘虏自动地站到行列里来讨饭吃。老百姓对国民党恨之入骨，自己都没有饭吃，哪还有粮食给他们吃。后来在部队里传成歇后语：辽沈战役的俘虏——越带越多。

敌第8兵团司令周福成是怎样被俘获的呢？

11月1日，16团1连连长黄达宣、指导员苏福林各带两个排，沿两孔桥、中山路、马路弯经一带搜索，直插故宫一带，进入老城。11月1日拂晓，黄达宣在大西门靠故宫不远处，突然看到路南一座小楼院里出来两个人，鬼鬼祟祟，一见有人来又缩回去了。黄达宣脑子里一闪：可能是敌人！他立即向在路

东北野战军部攻入国民党东北"剿总"大楼。
右上为投诚的国民党军第 8 兵团司令官周福成

北搜索的苏指导员等人喊了一声："前面有敌人！"接着就带人闯进院内。敌人发现他们进了院，并不开枪，只是躲躲闪闪地往小楼里退。

包围好小楼，黄达宣开始喊话：

"你们赶快放下武器投降，缴枪不杀，不然就要炸楼啦！"

楼内敌人听后并未答话，也不开枪，院内死一般沉寂。黄达宣见势一招手带几名战士进入楼内。战士们闯进一个大房间里，大喊："缴枪不杀"！首先把 30 多人的警卫排解决了。此时又见几个敌兵哆哆嗦嗦地躲在楼梯拐角处，黄达宣高喊：

国民党驻沈阳特种兵部队向解放军投降

"快出来投降!"

"你们的长官在哪里?"

只见一个胆子大的士兵探出身来指了指楼上,黄达宣连长立时明白了,他与苏指导员布置战士们封锁好楼门、楼窗和走廊,然后带领几名战士飞快地冲到楼上。这时,从里面走出个副官模样的人。黄连长上去一把猛然将他拽到跟前,用手枪抵住喝问:

沈阳国民党军某部官兵主动到集结地点,向东北野战军集体投诚

"你们的长官在哪里？"

这个家伙胆子大一点，好像早有准备忙摆手说：

"不要这样，请跟我来，长官都在里面，我们投降。"

黄达宣看到对方毫无抵抗之意，就带几个战士随他跨进门里，几支枪口同时对准屋里的人大喊："不许动！"这间屋子房间大，窗户小，光线很暗，好一会儿才看清了里面共有六七个人，有老有少，有军有民，挤在一起。

紧张气氛下的沉默持续了十几秒钟，我军的枪口等着答复呢！这时，只见一个外披大衣内着便衣的中年人从人堆里走出来，木然而立，朝着拿手枪的黄达宣低声说：

"我叫周福成。"

接着，又有一个年龄相仿的人走出来，文质彬彬地说：

"敝人是苏炳文。"（东北'剿总'高参室中将主任）

与此同时，楼内楼外周福成的参谋、警卫等随从人员也都被缴了械，一切进行得很顺利，这时，1营长马志高赶到，他对周福成说：

"你放下武器很好，可你们的207师残部还在浑河、苏家屯一带顽抗，你马上下令叫他们投降！"

周福成沮丧着脸，耸耸肩，为难地摊开双手说：

"207师我指挥不动哟……"

随后，1营派1个班端着刺刀将周、苏等押送到16团团部。周等以为情况不妙，特别是周福成吓得直发抖。所以，当薛团长和杨政委询问其身份时，周、苏吞吞吐吐，就是不敢实说。于是，薛用电话报告张竭诚说：

"我们抓住了几个大官，审问不出他们的身份，于是，马上派人给师部送去，顺便给师领导送去从这伙人身上缴的5支快慢

东北野战军某部在沈阳缴获一批装甲车

手枪。"

张竭诚和李少云政委、杨启轩参谋长接见了周福成和苏炳文，当杨启轩介绍师长、政委时，周、苏2人的紧张情绪明显地有所放松。当6师领导以礼相待去和他们握手时，他们先是惊诧，后是僵硬地点头哈腰把两只手都伸过来了，这时，周、苏才道出了自己的身份。

沈阳人民群众热烈欢迎东北野战军部队入城

入城部队严守纪律。这是在街道上休息的东北野战军某部指战员

对周福成和苏炳文，6师领导都给予了宽待。张竭诚和李政委经斟酌，请周、苏两人吃了顿饭。虽说菜并不丰盛，已使惊魂未定的周福成和苏炳文感激涕零了。

沈阳人民群众集会浒，庆祝东北解放

1948年11月2日17时，辽沈战役第三阶段解放沈阳的战斗胜利结束。此战役东北野战军1、2、12纵队和独立1、3、4、10、14师等部队，在解放东北最大的城市沈阳的战斗中，英勇奋战，共歼敌1个"剿总"司令部、1个兵团部、2个军部、7个步兵师（旅）、3个骑兵旅及地方部队等共13.4万余人，其中将级军官106名。缴获各种炮1685门，轻重机枪4311挺，其他各种枪7.1万多支，装甲车114辆，坦克43辆，汽车841辆，其他军用物资甚丰。2日下午，战斗临结束时，不知从哪里飞来几架国民党飞机，在天上转了一圈，慌忙下了几个"蛋"，就回去向蒋介石"报丧"去了。

沈阳解放，辽沈战役即告结束。它为夺取全国的胜利奠定了基础，也从根本上动摇了国民党的反动统治，掏了蒋介石的心窝，据说丢了东北，蒋介石急火攻心，连续两次吐血。

浩浩荡荡的东北野战军队伍南下，参加解放全国的战斗

后记

怀着对革命先辈无限崇敬的心情，写完了《战略决战立头功——辽沈战役纪实》一书。在写作过程中，除了参考有关的文献、传记、回忆录及有关资料外，还得到了广西科学技术出版社覃春总编辑、军事科学院原研究员张辉灿等同志的指教，在此一并致谢。参加本书写作的还有阎霞、晓军、朱伟、刘国庆、李军平、龚伟光、谢思思等同志。由于掌握资料有限，错误在所难免，还请读者多多原谅，不吝赐教，给予指正。

东北野战军

- 一纵队—1、2、3 师
- 二纵队—4、5、6 师
- 三纵队—7、8、9 师
- 四纵队—10、11、12 师
- 五纵队—13、14、15 师
- 六纵队—16、17、18 师
- 七纵队—19、20、21 师
- 八纵队—22、23、24 师
- 九纵队—25、26、27 师
- 十纵队—28、29、30 师
- 十一纵队—31、32、33 师
- 十二纵队—34、35、36 师
- 炮兵纵队
- 铁道兵纵队

独立 1、2、3、4、5、6、7、8、9、10、11、12、13、14 师

热河独立 4、6、8 师

辽沈战役我军战斗序列表

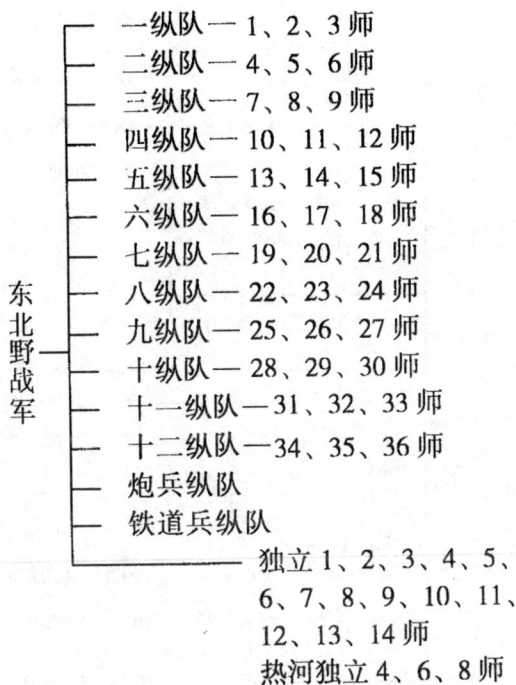

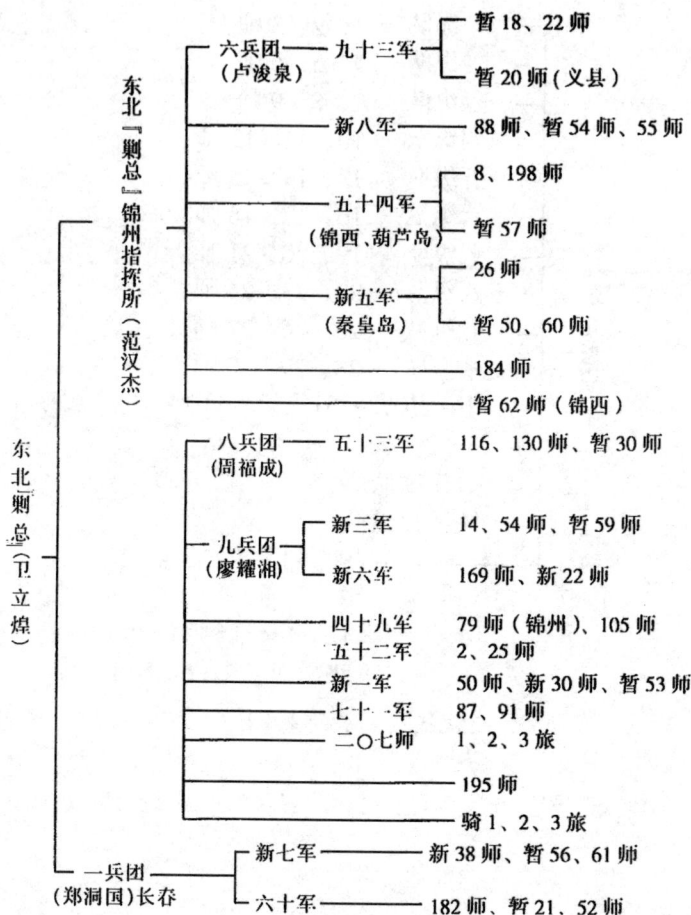

辽沈战役国民党军战斗序列表

注：一、战役中增援锦西、葫芦岛之敌有六十二军的67、151、157师，三十九军的103师、新2师，九十二军的21师和独95师，共7个师。

二、沈阳敌军另辖一部分炮兵、工兵、汽车兵、通信兵、战车兵等特种兵部队未计在内。

1 950 000人

我军

敌军 3 730 000人

1947年6月

3 000 000人

我军

2 900 000人

敌军

1948年11月

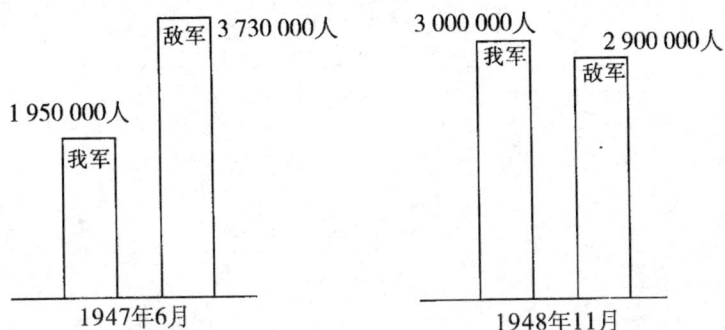

敌我兵力对比变化（1947年6月～1948年11月）